Zu Besuch im Himmel

PROF. DR. JOHANNES MICHELS

Zu Besuch im Himmel

Nahtod:
Authentische Berichte
Kompetente Analysen

benno

Das Zitat auf der Umschlagrückseite ist entnommen aus dem Beitrag „Was kommt nach dem Tod?" von Marie Wenninger, erschienen im Liboriusblatt/Bayerisches Sonntagsblatt 2012.

Bibliografische Information der Deutschen Nationalbibliothek
Die Deutsche Nationalbibliothek verzeichnet diese Publikation
in der Deutschen Nationalbibliografie;
detaillierte bibliografische Daten sind im Internet über
http://dnb.d-nb.de abrufbar.

Besuchen Sie uns im Internet unter:
www.st-benno.de

Gern informieren wir Sie unverbindlich und aktuell auch in unserem Newsletter zum Verlagsprogramm, zu Neuerscheinungen und Aktionen. Einfach anmelden unter www.st-benno.de.

ISBN 978-3-7462-3736-7

© St. Benno-Verlag GmbH, Leipzig
Umschlaggestaltung: Ulrike Vetter, Leipzig
Umschlagabbildung: © Eugene Sergeev/Shutterstock
Gesamtherstellung: Kontext, Lemsel (A)

Inhalt

Auf dem Weg zum Himmel ...   6

Schrecklicher Verkehrsunfall und seine Folgen   9
Herzinfarkt eines Politikers   17
Schwerer Unfall eines Pfarrers   25
Elfjährige mit Inlineskates   42
Sportlehrer auf dem Trampolin   50
Bewusstlosigkeit durch gefährliche Dämpfe   62
Obdachloser mit Lungenentzündung   74
Dachdecker auf dem Kirchturmdach   88
Dauerlauf eines Arztes   102
Sinneswandel eines Kabarettisten   115
Pädagogin aus Leidenschaft – Herzinfarkt   129

Welche Folgerungen ergeben sich
  aus den Nahtoderlebnissen?   138
Der irdische Tod – ist er das Ende
  eines Menschen?   140
Das Leben im Jenseits – in der
  weiterführenden Welt   144
Das Leben in der Glücksgemeinschaft   146
Trennung vom höchsten Wesen – und der
  Glücksgemeinschaft   150
Verbindungen zwischen *Jenseits*
  und *Diesseits*   153
Nach dem Tod im Diesseits – auf dem
  Weg ins Jenseits   156
Und was bedeutet das alles für uns?   160

Auf dem Weg zum Himmel ...

Beim Gedanken an meinen Tod erfasste mich immer wieder ein unheimlicher Schauer:
   Würde es nach dem Tod weitergehen?
                Und wenn es weiterginge:
   Wie würde es dann weitergehen?
Aus meiner persönlichen Überzeugung ließen sich zwar Antworten ableiten. Doch boten sie viele Möglichkeiten der Auslegung und Erklärung, aber keine genauen Hinweise und Aussagen. Alles mündete irgendwie in die zwei Richtungen: *Entweder endet mit dem Sterben das menschliche Leben unwiderruflich und endgültig. Oder es gibt ein Weiterleben nach dem Tod auf irgendeine Art und Weise und in irgendeiner Ausgestaltung.*
In dieser Situation der Unsicherheit und Ratlosigkeit halfen mir Mitteilungen von lieben Menschen aus meiner engsten Familie über Erlebnisse, die sie in höchster Lebensgefahr und damit in unmittelbarer Todesnähe gehabt hatten.
Zunächst war ich diesen Berichten gegenüber sehr zurückhaltend und skeptisch eingestellt, weil ich annahm, es handle sich dabei um irgendwelche Träume. Doch zeigte es sich, dass diese Erlebnisdarstellungen *immer* mit Hinweisen auf *zukünftige Geschehnisse* verbunden waren. In Träumen wird aber nur das wiedergegeben, was zum Zeitpunkt des Traums im Gedächtnis gespeichert ist. Also konnte es sich bei den Hinweisen auf *künftige Ereignisse* nicht um Traumergebnisse handeln. Und somit mussten auch die Nahtoderlebnisse – zusammen mit echten Voraussagen – weit über irgendwelche Träume hinausgehen und mit Sicherheit

tatsächliche Aussagen über Erlebnisse an der **Grenze zum Tod und darüber hinaus** darstellen.

Nachdem ich von der Echtheit und Stichhaltigkeit der Erlebnisaussagen von Menschen in unmittelbarer Todesnähe überzeugt war, forschte ich weiter und ermittelte viele solcher absolut überzeugender Berichte.

Natürlich sind diese Menschen aus ihrem lebensgefährlichen Zustand und ihrer tiefen Bewusstlosigkeit ins irdische Leben zurückgekehrt und waren somit nicht unmittelbar im jenseitigen Leben. Aber sie hatten direkten Kontakt zu Gesprächspartnern, die als geistige Individualwesen über die diesseitige Lebensexistenz hinaus bestehen und das auch durch aussagekräftige Mitteilungen bewiesen. Diese Aussagen konnten weder durch rein diesseitsbezogene Überlegungen noch durch gewagteste Fantasien zustande gekommen sein. Aber sie erwiesen sich in der Zukunft als absolut richtig und waren realistisch.

Den Zugang zu diesen geistigen Wesen aus dem Jenseits – dem Himmel also – hatten aber nur Menschen mit Nahtoderlebnissen. Und die Aussagen ihrer Dialogpartner erwiesen sich schon durch die Verwirklichung im diesseitigen Leben als wahrheitsgemäß und echt. Und damit können die Menschen mit Nahtoderlebnissen auf Grund ihrer lebenswirklichen Darstellungen als **absolut realistische Berichterstatter zwischen Diesseits und Jenseits – und damit dem Himmel –** gelten. Sie waren bei ihren Nahtoderlebnissen und ihren Gesprächen mit jenseitigen Partnern geradezu *auf dem Weg zum Himmel!*

Menschen mit derartigen Nahtoderlebnissen aber zu finden, war durch die rechtlichen Bestimmungen äußerst schwierig und nur durch langwierige Nachforschungen möglich. Diese Personen erklärten sich dann aber mit einer Veröffentlichung

bei – erwünschter – Anonymisierung ihrer Namen und Verfremdung der Begleitumstände einverstanden.
Ihnen allen gilt mein herzlicher Dank für ihre bereitwilligen Mitteilungen über ihre Nahtoderlebnisse. Ebenso herzlich danke ich aber auch all jenen, die mich bei meinen schwierigen Recherchen großherzig unterstützt haben.
Meine Aufgabe war es dann, diese Aussagen aufzunehmen, umfassend wiederzugeben und auf Grund der faktischen Darstellungen zu erläutern und zu erklären. So zog ich dann auch aus diesen Aussagen die endgültigen Schlussfolgerungen und erarbeitete aus ihnen die eindeutige Gesamtbetrachtung und die sich daraus ergebenden Erkenntnisse.

Professor Dr. Johannes Michels

Schrecklicher Verkehrsunfall und seine Folgen

An einem Samstag im August war es. Die letzte Woche der Sommerferien stand bevor. Und der wunderschöne und sonnige Samstagnachmittag lud direkt dazu ein, sich nach draußen zu begeben und möglichst viel vom Sonnenschein und der herrlichen Sommerluft zu genießen.
Das lockte auch einen Motorradfan auf die Straße und ebenso einen zwölfjährigen Schüler, den es mit seinem Fahrrad zu einem Maisfeld hinauszog. Dort wollte er mit seinem Cousin im mannshohen Maisfeld Verstecken spielen. Die grandiosen Maisstauden boten dazu ein herrliches Labyrinth und luden direkt zum Spielen ein, ohne die riesigen Maispflanzen zu beschädigen.
Um auf dieses Feld zu kommen, musste der zwölfjährige Radfahrer nur noch eine Straße überqueren, die durch die Ortschaft führte. Anschließend sollte es dann querfeldein zum Maisfeld gehen. Christoph W. – der Zwölfjährige – freute sich schon unglaublich auf die Versteckspiele und das Herumtollen zwischen den hohen Maisstauden. Den ebenso großen Spaß würde es sicher auch seinem Cousin bereiten, der aus einer anderen Richtung zum bewussten Maisfeld heranradelte.
Doch der Cousin sollte Christoph W. weder an diesem Tag noch in der Folgezeit zu Gesicht bekommen. Denn auf dieser Straße durch die norddeutsche Ortschaft ereignete sich ein furchtbarer Verkehrsunfall, von dem Menschen im Ort und in der weiteren Umgebung noch lange reden sollten:
Gerade als Christoph W. mit seinem Fahrrad die Straße überqueren wollte, näherte sich dort mit hohem Tempo ein

Motorradfahrer. Mit ortsüblicher Geschwindigkeit wäre ein Bremsmanöver sicher möglich gewesen. Doch dazu kam es – ob aus technischen oder anderen Gründen – leider nicht. So stießen beide Verkehrsteilnehmer mit voller Wucht – vor allem auch mit ihren Köpfen – gegeneinander. Und der jugendliche Radfahrer wurde von dem in voller Fahrt befindlichen Motorrad mitgerissen und etliche Meter mitgeschleift. Dabei trug der Zwölfjährige zwar lebensgefährliche Verletzungen davon. Doch er überlebte.
Der Motorradfahrer rutschte aber noch weiter, wobei er schließlich mit seinem Fahrzeug umkippte und mit seinem Kopf gegen den eisernen Torpfeiler einer Firmeneinfahrt prallte. Wahrscheinlich verursachte dieser Aufprall tödliche Verletzungen beim Motorradfahrer.
Der zwölfjährige Radfahrer lag indessen mit seinem demolierten Fahrrad total verkrümmt und einem besonders verbogenen Bein auf der Straße. Ein Passant wollte das Bein noch gerade richten. Doch das allein hätte nicht zur Lebensrettung beigetragen. Stattdessen wurde per Notruf der Rettungsdienst alarmiert. Schließlich traf auch ein Rettungshubschrauber an der Unfallstelle ein, mit dem der schwer Verunglückte in die nächstgrößere Stadt geflogen wurde, wo der Jugendliche im Koma lag und nach mehrmonatiger Behandlung gerettet und am Leben erhalten werden konnte.
Eine weitere etwa einjährige Rehabilitationsmaßnahme verhalf dem geretteten Schüler schließlich zu einer Rückkehr in ein möglichst gelungenes und problemloses Leben.
Über sein Erlebnis in unmittelbarer Todesnähe vermittelt Christoph W. folgenden Bericht:

Zunächst sah ich noch die Straße, über die ich mit meinem Fahrrad fahren wollte und zu deren Überquerung ich dann

auch ansetzte. Da hörte ich aus einiger Entfernung das aufheulende Geräusch eines herannahenden Motorrades. Gerade überlegte ich noch, ob ich lieber einen Moment warten sollte, da sauste das Motorrad samt Fahrer auch schon heran. Es passierte nun alles wie in Windeseile: Noch ehe ich irgendeinen Gedanken fassen konnte, spürte ich schon einen gewaltigen Aufschlag. Der Motorradfahrer krachte mit seinem Kopf gegen meinen. Und ich merkte noch, wie ich mit meinem Fahrrad vom Motorrad mitgerissen und über die Straße geschleift wurde. Schließlich blieb ich liegen. Der Motorradfahrer rutschte noch weiter, bis das Motorrad umkippte und dessen Fahrer mit voller Wucht gegen den Torpfosten einer Einfahrt schlug.
Dann sah ich noch in dunklen Umrissen, wie ein Passant versuchte, mein wohl besonders verbogenes linkes Bein gerade zu richten. Das spürte ich auch. Denn es tat ziemlich weh und verursachte mir einen stechenden Schmerz. Anschließend umgab mich so etwas wie starke Benommenheit.
Doch irgendwann sah ich mich in einer Art dunklem Tunnel, der zunächst nicht zu enden schien. Aber dann schimmerte am anderen Ende dieses Tunnels so etwas wie Licht, das allmählich immer heller wurde, je weiter ich mich durch diesen dunklen Gang bewegte. Ich fühlte mich nun schmerz-, aber auch schwerelos, als wäre ich leicht wie eine Feder.
Am Ende des Tunnels sah ich links eine schmiedeeiserne Tür. Sie schien jedoch verschlossen zu sein. Rechts ging dagegen der Weg weiter. Schließlich hatte ich den Eindruck, als befinde ich mich auf einer Rolltreppe, die nach oben führte. Dabei hielt ich Ausschau, ob ich allein sei oder noch irgendjemand sonst in der Nähe wäre.
Links von mir war niemand. Aber rechts war offenbar jemand, der mit mir zusammen nach oben fuhr. Ich traute

meinen Augen nicht: Es war der Motorradfahrer, mit dem ich soeben zusammengestoßen war. Wir beide fuhren zusammen nach oben. Ich schaute auf ihn und wartete auf irgendeine Reaktion von ihm. Doch er schaute nur starr nach oben und schien mich wohl überhaupt nicht wahrzunehmen.
Irgendwann kamen wir oben an, und ich erkannte, wie dort ziemlich dichter Nebel zu herrschen schien.
Und da traten aus diesem nebligen Dunst zwei hell gekleidete Wächter mit langen weißen Stäben hervor, die zwischen sich eine im Nebel verhüllte Tür zu bewachen schienen.
Dort musste es mit Sicherheit in einen noch verborgenen, aber sicher interessanten Raum oder zu einem unbekannten Gelände gehen. Also drängte es mich auch dorthin.
Da sah ich, wie der Motorradfahrer zwischen diesen beiden Wächtern ungehindert hindurchging und gleichsam im Nebel verschwand. Also wollte ich ihm augenblicklich folgen und auch durch diese offensichtliche Nebeltür hindurchgehen.
Doch da geschah Erstaunliches:
Als ich gerade auf diesen Durchgang zuging und ihn fast erreicht hatte, kreuzten die beiden Wächter ihre langen weißen Stäbe und versperrten mir den Zugang zu dieser Tür. Sie schauten mich zwar mit ernsten Blicken an, sagten aber nichts. Noch bevor ich irgendeine Frage stellen konnte, befand ich mich auch schon auf einem völlig anderen Weg zurück.
Dann sah ich noch meinen verrenkten und blutenden Körper neben dem völlig demolierten Fahrrad auf der Straße liegen. Damit endeten meine Eindrücke, weil es dann um mich herum völlig dunkel wurde.

Schrecklicher Verkehrsunfall und seine Folgen

Wie ich lange Zeit später erst erfuhr, lag ich viele Wochen im Koma, das man künstlich auch noch verlängert hatte. Dann erst fand ich zu vollem Bewusstsein zurück. Als ich erst nach dieser langen Zeit erfuhr, dass der Motorradfahrer tödlich verunglückt und schon vor Monaten beerdigt worden war, erfüllte mich sein Schicksal mit Schmerz und Trauer. An seinem Grab ging mir unsere gemeinsame Fahrt auf der Rolltreppe nach oben noch einmal durch den Kopf. Damals schon und erst viel später – als Erwachsener – erahnte ich die tatsächliche Bedeutung seines ungehinderten Durchgangs durch jene bewachte Tür und die Verhinderung dieses Durchgangs für mich selbst.

An die Geschehnisse während meiner Bewusstlosigkeit auf dem Weg nach oben zu dem bewachten Durchgang im Nebel – zusammen mit dem ebenfalls verunglückten Motorradfahrer – erinnere ich mich auch heute noch ganz genau.

Hier stellt sich zunächst die Frage: Basiert dieses Erlebnis bzw. diese Vision auf **einem Traum, einer Halluzination** oder **einem Trugbild**?

Stünden diese Eindrücke für sich isoliert da, so könnte man eventuell bei der eindeutigen Einschätzung zweifeln. Doch ergeben sich hier drei entscheidende Kriterien, die Traum- oder Trugbilder ausschließen und zugleich auch einen Hinweis auf den Zeitpunkt dieses Seh-Erlebnisses bzw. dieser Vision ermöglichen:

Zunächst erinnert man sich beim Traum lediglich an irgendwelche Bruchstücke, die später zuweilen nur mühsam zusammengefügt werden können. Hier aber konnte sich der Verunglückte selbst noch nach Jahren ganz genau an alle Einzelheiten dieser Visionseindrücke erinnern und sie exakt wiedergeben.

Weiterhin nahm er sich zusammen mit dem anderen Verunglückten nicht nur wahr, sondern sah auch besondere Ereignisse: Der verunglückte Motorradfahrer durchschritt den Zugang zu einer fremden und unbekannten Welt, während dem ebenfalls schwerverletzten Zwölfjährigen dieser Zutritt verwehrt wurde. Wie sich aus späterer Erkenntnis ergab, überlebte der Motorradfahrer diesen Verkehrsunfall nicht – im Gegensatz zum zwölfjährigen Radfahrer. Somit lassen sich aus dieser Vision eindeutig erst **zukünftig** richtig abzuleitende Erkenntnisse gewinnen, die aber in dieser Vision schon klar zum Ausdruck kommen. Bei einem Traum- oder Trugbild bzw. einer Halluzination werden aber Hinweise auf künftige Geschehnisse nicht gegeben, weil sie ja zu diesem Zeitpunkt noch nicht im Gedächtnis gespeichert sind.

Schließlich sah sich der Zwölfjährige auch noch mit verkrümmtem, blutendem Körper und demoliertem Fahrrad gleichsam in *Totalansicht* auf der Straße liegen, also aus einer Draufsicht von oben. Aus dieser Perspektive könnte sich ein Verunglückter nie wahrnehmen.

Höchst bemerkenswert ist hier aber noch eine weitere logische und konsequente Feststellung: Indem der verunglückte Zwölfjährige sich im Zusammenhang mit seiner Vision auch noch als Schwerverletzten auf der Straße liegen sah, ist zu folgern, dass dieses visionäre Seh-Erlebnis umgehend im Anschluss an den schweren Verkehrsunfall erfolgte. Denn nur verhältnismäßig kurze Zeit später wurde der Zwölfjährige ja auch schon mit Hilfe des Rettungshubschraubers ins Krankenhaus gebracht und lag somit nicht mehr lange nach dem Unfall auf der Straße.

Also muss es sich bei dieser Vision um ein eindeutiges Nahtoderlebnis in unmittelbarem Anschluss an den schweren Verkehrsunfall handeln.

Die Wächter sagten nichts. Aber durch ihr Verhalten ließen sie eindeutig erkennen, dass es eine Trennung in Diesseits und Jenseits gibt: Indem sie dem – gemäß späterer Erkenntnis – damals mit Sicherheit bereits **tödlich** Verunglückten den Zugang in die unbekannte Welt gewährten, verwehrten sie das dem **Überlebenden,** der im Diesseits verblieb.

Bei dieser *unbekannten Welt* kann es sich offenbar nur um das Jenseits handeln. Zugleich ergibt sich aus diesem Nahtoderlebnis auch, dass der irdische Tod nicht das Ende eines Menschen bedeutet. Denn hätte es für den Motorradfahrer nach seinem tödlichen Unfall ***kein geistiges Weiterleben*** gegeben, dann wäre auch sein Durchgang in die *andere Welt* nicht nötig gewesen und somit auch nicht erfolgt. Außerdem gäbe es dann diese *andere Welt* auch nicht. Denn welchen Sinn sollte sie eigentlich haben, wenn mit dem Tod ohnehin alles zu Ende wäre?

Was der verunglückte Radfahrer – nunmehr als Erwachsener – zum Schluss seines Berichtes noch äußerte, weist außerdem auch darauf hin, dass beim irdischen Tod **Körper** und **Geist** sich voneinander trennen und der Mensch als **geistiger Mensch** fortbesteht. Denn das Grab des Motorradfahrers, das der damalige Radfahrer erwähnte, signalisiert ja den bestatteten *toten Körper*, während der im Nahtoderlebnis wahrgenommene *geistige Mensch* des zu Tode gekommenen Motorradfahrers weiterlebt, und zwar in der *unbekannten anderen Welt*, also eindeutig ***im Jenseits.***

Aus diesem Nahtoderlebnis lässt sich auch eine weitere Erkenntnis ableiten: **eine zumindest indirekt verwirklichte Prophezeiung** für den Zwölfjährigen. Das unmissverständliche Verhalten der beiden Wächter am Eingang zur unbekannten Welt – also zum Jenseits – eröffnete bereits eine ganz klare **Vorher-** bzw. **Voraussage mit dem Charakter**

einer Prophezeiung, wer von beiden Verunglückten tot sei und wer im Diesseits weiterlebe. Höchstwahrscheinlich wurde dem Zwölfjährigen diese Doppeltatsache bereits zu einem Zeitpunkt eröffnet, als durch ärztlichen Befund noch nicht eindeutig feststand, wer von beiden Verunglückten sterben würde oder schon tot war und wer überleben würde.

Zwar war dem überlebenden Zwölfjährigen zum Zeitpunkt des Nahtoderlebnisses dieses Prophezeiungsphänomen – wer überlebt und wer nicht – mit Sicherheit noch unklar. Einige Zeit später, und namentlich am Grab des mitverunglückten Motorradfahrers, wurde ihm diese Vorhersage aber offenbar. Und vor allem als Erwachsener erkannte er diese **klare und eindeutige Prophezeiung** in ihrer vollen Tragweite und Bedeutung.

Herzinfarkt eines Politikers

Werner K. war inzwischen im weitläufigen westdeutschen Bundesland bekannt wie ein bunter Hund. Aus bescheidenen Verhältnissen stammend, hatte er es auch ohne Studium mit einer qualifizierten Ausbildung zum Bankkaufmann gebracht und war inzwischen Filialleiter. Damit hätte er es auch belassen können: Er war verheiratet und hatte zwei Kinder. Mit seinem Einkommen hätte er ohne Probleme sehr gut leben können, ein gut finanziertes Haus einschließlich. Doch er wollte weiterkommen.
Er wollte in die Politik einsteigen, und das mit Blick auf höchste Positionen. Bald merkte er, dass man sich das leichter vorstellen, als auch tatsächlich erreichen konnte. Er schielte dabei auf einen Wahlkreisabgeordneten, dessen Leistungen sich zwar in Grenzen hielten, der aber wegen seines Bekanntheitsgrades immer obenauf lag. So versuchte Werner K. es über die Landesliste, irgendwie in den Landtag zu gelangen. Als das gelang, ging er systematisch daran, den Platzhirsch des Wahlkreises auszumanövrieren. Doch das war gar nicht so einfach. Denn der langjährige Abgeordnete war bei irgendwelchen Anlässen in jedem Verein, jedem Club und bei jedem Schützenfest anwesend und plauderte mit allen Leuten, als wäre er jedermanns Kumpel. Nur bei ihm wirkte das ganz natürlich. Er fühlte sich dabei pudelwohl.
Werner K. dagegen ahmte seinen Konkurrenten nach und trat auch jedem Verein und Verband bei, nur um sich bei möglichst vielen Menschen bekannt zu machen.
So gehörte er nach und nach zu den Landespolitikern, die sich für unersetzlich halten und eine furchtbare Angst hatten,

jemand könnte ihnen den mühsam erkämpften Listenplatz abspenstig machen und abjagen. Deshalb gehörte er irgendwann jedem Verein und Club an, fehlte auf keiner noch so unbedeutenden Veranstaltung, war möglichst auch in jedem Vereinsvorstand Mitglied und schlug sich so manche Nacht mit meist unwichtigen Dingen herum – die Hauptsache: Er war da und wurde auch gesehen und gehört!
Als dann sein Konkurrent aus dem Wahlkreis irgendwann aus Altersgründen aufhörte, tat Werner K. alles, um bei der Eroberung dieses Wahlkreises etwaige Rivalen auszuschalten. So hatte er es auch im Berufsleben gehalten und manchen Konkurrenten mit schrägen und gar nicht edlen Methoden „beiseite geräumt". In der Öffentlichkeit gab er sich jedoch als „guten Menschenfreund", der nur das Wohl der Mitmenschen im Auge habe und für sie rackere und ackere. Er selbst nannte sich *sanftmütig und großzügig.* Nur hinter den Kulissen sah es völlig anders aus. Da war er eher der *Wolf im Schafspelz!*
Er tat alles für seine Partei, in der er es mit zähem Fleiß und ohne Rücksicht auf sich, seine Gesundheit und natürlich auch auf seine Familie zu einem gefragten Mann und natürlich zum Abgeordneten und Volksvertreter auf Landesebene gebracht hatte.
Aber er wollte noch weiter! Schließlich reizte ihn auch der Bundestag und natürlich die eventuelle Möglichkeit, ganz nach oben – vielleicht sogar bis in die Regierung – zu gelangen.
Er hielt sich für *unersetzlich* und war *unersättlich*!
Und dann passierte es:
Auf einer Parteiveranstaltung hielt er wie so oft eine Rede über *„Aktuelles aus der Landeshauptstadt"* und berichtete wieder über seine enormen Leistungen für den Wahlkreis, genehmigte teure Bauprojekte – natürlich auf Kosten der Steu-

erzahler – und Sondergenehmigungen aller Art. Dabei ereiferte er sich über die miserable Opposition, die nur Übles im Schilde führe und sonst nichts zuwege bringe. Noch bei seiner Schimpfkanonade spürte er kalten Schweiß auf seiner Stirn und einen ziehenden Schmerz in seiner linken Schulter. Schließlich griff er sich in die Herzgegend und sackte hinter dem Rednerpult zusammen. Sofort riefen die Vorstandsleute der Partei den Rettungswagen mit einem Notarzt. Unmittelbar nach Leistung der ersten Hilfe wurde er ins nächste Krankenhaus gebracht, schnellstmöglich untersucht und mit akutem Herzinfarkt sofort behandelt und versorgt.
Werner K. verfiel dabei in tiefste Bewusstlosigkeit. Aus dieser Zeit gab er Monate später nach der mühsamen Rückkehr ins irdische Leben diesen Bericht:

Ich erinnere mich noch ganz schwach daran, wie ich zu Boden fiel. Meine Parteifreunde riefen den Notdienst, und dann war um mich nur dichte Finsternis. Das muss wohl ziemlich lange gedauert haben.
Irgendwann lichtete sich die undurchdringliche Dunkelheit und wich einer Art spätherbstlichem Nebel. Nichts und niemand waren zu erkennen. Außerdem herrschte eine absolute Stille. Ich hörte nichts. Nun erst bemerkte ich mehr und mehr, wie Ruhe und uneingeschränkte Lautlosigkeit wirken. Im normalen Leben gibt es so etwas überhaupt nicht. Zunächst schien die Stille angenehm, aber nach längerer Zeit wurde sie immer belastender und schrecklicher. Ich versuchte zu schlafen, aber das war überhaupt nicht möglich. Ich war und blieb nun wach und erkannte nur unangenehmen Nebel und eine noch viel erschreckendere Lautlosigkeit.
Wo war ich denn hier und in welchem Zustand? Auf jeden Fall war er entsetzlich.

Ich kann nicht abschätzen, wie lange ich in diesem Zustand verbrachte. Irgendwann jedenfalls schien von Weitem ein zunächst schwaches, dann immer helleres Licht auf mich zuzukommen, bis es ganz hell wurde, und in diesem nun ganz hellen Licht sah ich eine Art jugendlichen Mann, der mich ernst und eindringlich anblickte.
Ich sprach ihn an: „Können Sie mir sagen, wo ich hier bin und was mit mir los ist?"
„Sie haben einen schweren Herzinfarkt nur haarscharf überstanden. Am irdischen Tod sind Sie nur gerade so vorbeigekommen. Und hier sind Sie am Übergang in die jenseitige Welt. Von hier aus werden Sie in das irdische Leben zurückkehren."
„Und wann ist das?"
„Ziemlich schnell schon, denn die Ärzte geben sich alle Mühe und haben auch in wenigen Stunden Erfolg. Dann sind Sie natürlich noch längst nicht geheilt, aber außer Lebensgefahr und erwachen wieder aus der Bewusstlosigkeit."
„Sie sprechen von Stunden. Woher wissen Sie das denn, und wer sind Sie eigentlich?"
„Ich bin schon lange Ihr geistiger Begleiter. Als geistiges Wesen bin ich unabhängig von Raum und Zeit. Deshalb weiß ich auch, was in der Zukunft alles geschieht. Ich spreche nur deshalb von zeitlichen Begriffen, damit Sie das mit irdischer Vorstellung verstehen können. Ebenso spreche ich vom Übergang in die jenseitige Welt, als sei es räumlich gemeint. Aber auch das ist nur bildlich zu begreifen."
„Wenn Sie wissen, was in der Zukunft passiert, können Sie mir dann auch sagen, wie es mit mir weitergeht?"
„Ja, das kann und werde ich Ihnen mitteilen. Aber zuerst möchte ich Ihnen als Ihr geistiger Begleiter sagen, dass Sie

*bis jetzt kein gutes Leben geführt haben. Sie haben viele Menschen schlecht behandelt und ihnen Schaden zugefügt. Auch Ihre körperliche Gesundheit haben Sie missachtet."
„Aber ich habe doch nur das Beste für meine Wähler tun wollen."
„Das mag alles stimmen. Wichtig ist aber, dass dabei niemand zu Schaden kommt."
„Was soll ich denn in Zukunft besser machen?"
„Sie sind Volksvertreter, also müssen Sie erst recht für andere Menschen da sein und ihnen helfen. Und dann sollten Sie auch viele sonstige Tätigkeiten aufgeben, die andere Menschen genauso gut machen können. Das ist für Ihre körperliche Gesundheit wichtig. Zunächst einmal sollten Sie das auch bald tun."
„Wenn Sie das so sagen, dann muss ich es ja auch wohl so machen. – Sie wissen sicher auch, dass ich mich gern in den Bundestag wählen lassen möchte. Wie geht das denn aus?"
„Diese Wahl ist ja schon in einem halben Jahr. Das schaffen Sie nicht, auch mit Ihrer Gesundheit nicht. Bemühen Sie sich zunächst um Ihre Tätigkeit im Landtag und lassen Sie sich dort wiederwählen."
„Und dann?"
„Bemühen Sie sich um die übernächste Wahl zum Bundestag. Das wird Ihnen gelingen."
„Hat jeder Mensch einen Begleiter?"
„Ja. Aber viele wollen ihn nicht."
„Kann der Begleiter einen Menschen auch beschützen?"
„Ja. Aber auch das nehmen viele Menschen nicht an."
„Und wenn sie es annehmen, wie merken sie das?"
„Sie merken es entweder durch die Umstände, die ihre Tätigkeiten in eine bestimmte Richtung lenken könnten. Oder durch das Empfinden aus ihrem Inneren, also eine Art*

innere Stimme. *Aber dazu braucht man auch die nötige innere Ruhe. Wer nur äußerlichen Dingen nachläuft, wird diese Stimme nicht bemerken."*
Gern hätte ich noch weitere Fragen gestellt, aber mein Gesprächspartner war nach diesen Worten verschwunden. Auch wurde es wieder dunkel und ich erwachte irgendwann aus meiner Bewusstlosigkeit und befand mich auf der Intensivstation.

Werner K. wurde erstaunlich rasch wieder gesund, gab möglichst viele Vorstandsämter ab und entwickelte sich tatsächlich zu einem hilfsbereiten Menschen. Er wurde bei der kommenden Landtagswahl auch problemlos wiedergewählt und bewarb sich bei nächster Gelegenheit erfolgreich um ein Bundestagsmandat.
Bei der kritischen Einschätzung der Schilderung dieses Nahtoderlebnisses könnte der Gedanke an einen **Traum** kommen. Das scheidet aber aus, weil hier eindeutig auf mehrere **zukünftige Geschehnisse** hingewiesen wurde, die dann auch später tatsächlich eintrafen. In einem Traum beziehen sich die Traumabläufe oder -bilder jedoch auf die dann im Gedächtnis eingespeicherten Gedächtnisinhalte, die ja keinerlei künftige Ereignisse beinhalten.
Ähnlich verhält es sich mit eventuellen **Halluzinationen.** Diese mögen viele Trugbilder aufkommen lassen, zeigen jedoch keine Ereignisse, die in der Zukunft tatsächlich eintreten.
Eine **geistige Störung** scheidet bei diesem Nahtodpatienten auf Grund des geschilderten vorherigen Lebens offenbar auch aus, sodass mit Sicherheit von einem **echten Nahtoderlebnis** ausgegangen werden kann. Dies gilt vor allem auch im Hinblick auf die mitgeteilten und dann viel später tatsächlich verwirklichten Zukunftsgeschehnisse.

Hier deutet sich zunächst schon der Unterschied zwischen reiner Gehirntätigkeit und dem Wirken des menschlichen Geistes an:
Während das Gehirn – etwa beim Traum – nur das wiedergibt, was in ihm zu einem bestimmten Zeitpunkt gespeichert ist, geht das Wirken des Geistes darüber hinaus, indem er auch *zukünftige Geschehnisse* erfasst und darstellt. Natürlich bedient sich dieser Geist – zu (irdischen) Lebzeiten – auch des Gehirns, etwa um die Nahtoderlebnisse im Gedächtnis zu speichern. Er geht aber auf Grund seiner **Unabhängigkeit vom Gehirn** weit über eine mögliche Gehirntätigkeit hinaus. Darin zeigen sich bereits *entscheidende Erkenntnisse:*
Das Gehirn kann gleichsam als eine Art *Instrument* **vom menschlichen Geist** gesteuert werden, indem das Gehirn das wiedergibt, was der Geist ihm – wie hier das Wissen um zukünftige Dinge – eingibt.
Folglich sind ***menschlicher Geist*** und ***Gehirn*** nicht identisch und fallen auch nicht zusammen. Der Geist ist demnach unabhängig vom Gehirn. Er kann sich aber sehr wohl – zu Lebzeiten – des Gehirns bedienen. In logischer Konsequenz bedeutet das, dass mit dem Absterben des Gehirns beim Tod des Körpers der menschliche Geist – unabhängig davon – weiter existiert und fortbesteht.
Als weiteres Resultat aus dem Dialog mit dem Gesprächspartner an der Grenze zum Jenseits ergibt sich auch, dass **einerseits der Blick in die Zukunft möglich ist** und **andererseits auch mit Hilfe der *inneren Stimme* Schutzhinweise aus dem Jenseits kommen.**
Der jenseitige Dialogpartner sprach davon, dass es im Jenseits *weder Raum noch Zeit* gibt. Folglich gibt es dann auch keinerlei räumliche Gestaltung in der jenseitigen Welt, wahr-

scheinlich aber eine rein geistige Trennung. Doch soll hier weiteren Darstellungen aus anderen Nahtoderlebnissen nicht vorgegriffen werden.

Dass es im Jenseits neben der *Räumlichkeit* auch das Phänomen *Zeit* nicht mehr gibt, führt dazu, dass es folglich auch keine Zeitabschnitte mehr gibt, in denen wir mit irdischen Vorstellungen denken und existieren. Hinzu kommt, dass sich die rein geistigen Wesen und Menschen im Jenseits im Vergleich mit unseren irdischen Denkvorstellungen offenbar in einem immerwährenden *Existenzdasein ohne irgendeine Beeinträchtigung* befinden und von keiner Körperlichkeit abgeschirmt werden. Daher ist ihnen auch ohne Hindernis der Blick in *unsere* irdische Zukunft offen und klar erkennbar, wozu wir auf Grund der Abschirmung durch den Leib nicht fähig sind. Ja, mehr noch! Uns Menschen wird gleichsam vermittelt, was uns in der Zukunft geschieht und widerfährt. Auf diese Art und Weise werden wir sogar vor Gefahren gewarnt. – Aber – wir erfahren das durch *unsere innere Stimme* – gleichsam als Vorahnungen, die übrigens **jeder** hat. Das Problem ist nur, dass wir meistens auf diese innere Stimme *nicht* achten, weil wir von massenhaft anderen Einflüssen abgelenkt werden. Wie sich weiterhin aus der Mitteilung des geistigen Begleiters (in diesem Nahtoderlebnis) ergibt, erhalten wir immer wieder die *Schutzhinweise* mit Hilfe eben dieser inneren Stimme, sofern wir sie richtig erkennen und dann auch befolgen.

Schwerer Unfall eines Pfarrers

Gerade noch rechtzeitig vor Anbruch eines möglichen Frühwinters war die umfangreiche Sanierung der großen Pfarrkirche abgeschlossen worden. Pfarrer Franz N. war mit dem Ergebnis restlos zufrieden, vor allem, weil er zusammen mit der gewünschten Vergrößerung der Kirche auch seine künstlerischen Vorstellungen verwirklichen konnte.
Dies galt vor allem für den großen Altarraum im Kreuzungspunkt der Längs- und Querachse und den ansehnlichen Altar aus wunderschön behauenem Granit. Auch oben drüber im Kuppelgewölbe hatte er eine Art Bronzeskulptur einbauen lassen, an der – kaum erkennbar – ein starker Zierhaken angebracht war.
Gerade damit hatte Pfarrer N. etwas ganz Besonderes vor:
Daran wollte er je nach Jahreszeit immer wieder einen überdimensional großen Kranz anbringen:
So schwebte ihm etwa zum Erntedank ein Ähren- und Fruchtkranz vor und nun zum Beginn der Vorweihnachtszeit ein riesiger Adventskranz.
Den hatte er auf Grund seiner handwerklichen Geschicklichkeit und seiner künstlerischen Befähigung liebevoll geflochten und mit vier großen Adventskerzen ausgestattet. Nun musste dieser Riesenkranz an einer geeigneten Halterung aus vier hellen und zur Deckenfarbe passenden Drähten am Zierhaken im Gewölbe befestigt werden.
Dazu hatte Pfarrer Franz N. eine hohe Ausziehleiter mit schräger Gegenleiter an den Altar gelehnt, damit sie auch die nötige Standfestigkeit hätte. Leider hatte er jedoch übersehen, auf beiden Seiten der Standleiter ebenfalls Stützen anzu-

bringen. Erwachsene Personen hätten es auch getan – aber Pfarrer N. wollte die Kirchenbesucher zum ersten Advent mit diesem enormen Adventsschmuck überraschen, erst recht, wo ja nun die Kirche auf seine Bemühungen hin so großartig saniert und restauriert worden war.
Er war sich absolut sicher, es auch allein zu können. Deshalb hatte er am Zusammenschluss der vier Drähte – einem festen Ring – eine Kordel angebracht, mit der er den Kranz hochziehen wollte.
So stieg er – mit der Kordel – auf der hohen Leiter nach oben und versuchte, an ihr den Kranz über dem Altar hochzuziehen. Die Drähte strafften sich, doch das adventliche Kunstwerk wollte nicht nachkommen und verhakte sich schließlich seitlich in der Leiter. Pfarrer N. zog und zerrte. Dabei bemerkte er nicht, wie die Leiter schwankte. Er konzentrierte sich nur noch auf den Kranz aus frischem Grün. Schließlich zog er so ungestüm, dass die Kordel zerriss. Und durch diesen enormen Ruck geriet Pfarrer N. mit der Leiter aus dem Gleichgewicht und stürzte seitlich nach unten. Die Leiter fing zwar den Hauptschlag auf, doch der Pfarrer fiel ebenfalls zunächst mit der Schulter und dann mit dem Kopf auf die steinernen Altarstufen.
Wie lange er so gelegen haben mag, lässt sich im Nachhinein kaum abschätzen.
Jedenfalls fand der Küster bei der Vorbereitung des Abendgottesdienstes den auf den unteren Altarstufen Liegenden und sorgte über den Notruf dafür, dass Pfarrer N. schleunigst ins nächste Krankenhaus gebracht wurde.

Der Verunglückte selbst berichtet über den Sturz und die gesamte Zeit danach:

Schwerer Unfall eines Pfarrers

Ich sah, wie die Kordel riss, und spürte einen Riesenruck, weil ich mit beiden Händen die Kordel gepackt hatte, ohne mich dabei an der Leiter festzuhalten. Die Leiter schwankte und fiel mit mir um. Ich spürte noch, wie ich mit der rechten Schulter auf die unteren Altarstufen aufschlug, ebenso mit meinem Kopf. Dann wurde es schwarz um mich.

Wie lange ich so zugebracht habe, kann ich nicht sagen. Ich weiß nur, dass sich die Dunkelheit allmählich lichtete, als würde die Sonne im Spätsommer die Nebelschleier durchdringen. Zugleich hörte ich wie von ganz weit weg den Klang silberheller Glöckchen, die irgendwie immer lauter wurden. Dann hörte ich eine Stimme, die ich sehr wohl sofort erkannte: Es war meine vor vielen Jahren verstorbene Mutter.

Nach dem frühen Tod unseres Vaters hatte sie meine zwei Jahre jüngere Schwester und mich allein großgezogen. Die Rente war nur kümmerlich. Daher arbeitete sie als schlecht bezahlte Verkäuferin und besserte damit die geringe Rente unseres Vaters auf. Als sich dann herausstellte, dass ich auch noch Geistlicher werden wollte und deshalb das Gymnasium in der über 20 Kilometer entfernten Stadt besuchen sollte, nahm sie zusätzlich auch noch ein paar Putzstellen an, um das Fahrgeld für mich und die Bücherkosten aufbringen zu können. Denn Ausbildungsförderung war damals noch ein Fremdwort. Oft wollte ich am Gymnasium aufhören, damit unsere Mutter nicht mehr so schuften müsse. Doch das erlaubte sie nicht. Sie sorgte auch dafür, dass meine Schwester ebenfalls das Gymnasium erfolgreich besuchen und dann eine gute Ausbildung in der Verwaltung absolvieren konnte.

So schaffte es unsere Mutter, ihre Kinder so intensiv wie möglich zu fördern und zu tüchtigen Menschen zu erziehen. Auf meine Priesterweihe hatte sie sich so sehr gefreut. Sie

sollte sie aber nicht mehr erleben: Drei Monate vor dem großen Tag starb sie an den Folgen einer Lungenentzündung, die sie sich bei ihrer Putzstellentätigkeit zugezogen hatte. Wir Kinder wollten, dass sie damit aufhören solle. Sie war einverstanden – aber erst nach meiner Weihe wollte sie aufhören. So kam es dann ja auch, nur anders, als wir es gedacht hatten.
Und nun hörte ich die längst nicht mehr wahrgenommene, mir aber immer noch höchst bekannte Stimme meiner Mutter:
"Franz, mein Junge, was machst du denn für Sachen? Du hättest dich zu Tode stürzen können."
"Mama, du? Bist du es wirklich?"
"Ja, natürlich bin ich es."
Ich schaute sie ganz verwundert an. Denn ich hörte sie normal und deutlich reden. Aber ihr Mund bewegte sich überhaupt nicht. Und ihr Körper schien total durchflutet zu sein von lauter Licht und Helligkeit. Aber dieses Licht war heller als jede irdische Lichtquelle, ohne aber auch nur im Geringsten zu blenden.
"Aber du redest mit mir, ohne deine Lippen zu bewegen. Trotzdem kann ich dich ganz klar und deutlich verstehen."
"Das ist in diesem Leben ganz normal. Denn nun bin ich ein rein geistiger Mensch. Im Moment des irdischen Todes habe ich meinen Körper verlassen. Meine Gedanken übermittle ich ohne dessen Hilfe. Trotzdem kann ich einem Menschen mit irdischem Körper so wie dir meine Gedanken mitteilen."
"Bist du denn glücklich?"
"Ja, ich bin sogar sehr glücklich. Ich lebe in der Glücksgemeinschaft mit dem höchsten Wesen, also mit Gott. Zugleich sehe ich, was im irdischen Leben passiert. So weiß ich auch, was du in der Kirche gemacht hast."

Schwerer Unfall eines Pfarrers

Bei diesen Worten sah mich meine Mutter auch so an, wie sie mich zu ihren Lebzeiten immer angeschaut hatte, wenn ich irgendeinen Streich begangen hatte. Aber sie tat es mit richtig liebevollem Blick.
Fast entschuldigend erwiderte ich:
„Aber ich wollte doch die Gemeinde mit dem riesigen Adventskranz überraschen."
„Dazu hättest du doch auch den Küster und einen kräftigen Messdiener bitten können, die Leiter festzuhalten. Dann wäre diese Überraschung wirklich gelungen. Aber auch so ist alles gut geworden."
„Was ist denn passiert?"
„Der Küster und einige kräftige Männer haben den Kranz noch vor der Abendmesse aufgehängt. Er sieht wunderschön aus, und die erste Kerze brennt. Dein Vikar hält übrigens die Messe. Und nun beten sie für dich, dass du irgendwann wieder gesund zurückkommst."
„Das macht mich ganz traurig."
Vor Rührung konnte ich zunächst nicht sprechen. Doch dann fragte ich weiter:
„Und weißt du, ob ich wieder gesund werde?"
„Ja, du wirst bald wieder gesund werden. In der Klinik tun sie alles, um dich zu heilen. Aber viel hat nicht gefehlt, und es wäre dein irdisches Ende gewesen. Du bist nämlich haarscharf an einer Hirnblutung vorbeigekommen."
„Woher weißt du das denn alles?"
„Wir können sehen, was geschehen ist, und auch ungehindert in die Zukunft schauen, wie es auf der Erde heißt. Denn wir haben ja keinen Körper mehr, der unserem Geist hinderlich wäre."
„Weißt du denn auch, wie es mit mir weitergeht?"
„Du kehrst bald zurück. Vorher wird dich dein Bischof im

Krankenhaus besuchen, aber auch ein bisschen mit dir wegen deines Leichtsinns schimpfen. Doch dann wird alles wieder gut. In einigen Jahren werden dich die anderen Geistlichen übrigens zum Dechanten*) wählen."
„Wirklich? Aber darauf lege ich keinen großen Wert."
„Doch, das ist wichtig und gut so."
„Ja, wenn es nicht anders geht."
„Franz, mein lieber, großer Junge! Mir musst du noch versprechen, nicht mehr leichtsinnig zu sein und besser auf dich aufzupassen."
„Gut, Mama, du hast ja Recht."
„Ich wünsche dir alles Gute, und der Segen unseres höchsten Wesens sei mit dir."
„Also Gottes Segen."
Darauf sah ich meine Mutter nur noch liebevoll nicken. Dann war sie verschwunden. Und das überaus helle Licht nahm immer mehr ab, bis es um mich wieder dunkel wurde. Tatsächlich geschah dann alles genau so, wie es meine Mutter vorausgesagt hatte:
Mein Diözesanbischof sagte sich an und besuchte mich. Er war sehr freundlich, obwohl er meine Aktion mit dem Adventskranz ein wenig tadelte. Auch ihm musste ich versprechen, solche Wagnisse fortan zu unterlassen. Ich versprach es und fügte hinzu, dass ich genau das auch schon meiner Mutter hatte versprechen müssen. Darauf meinte der Bischof:
„Dann muss Ihre Mutter aber doch schon sehr alt sein."
„Nein, denn sie ist schon vor langer Zeit verstorben."
Den Blick des Bischofs auf diese Antwort werde ich nicht vergessen.

---

*) Anmerkung des Autors: In anderen Gegenden sagt man auch *Dekan* oder *Erzpriester*.

Ich berichtete ihm deshalb genau das, was ich während meiner tiefen Bewusstlosigkeit erlebt hatte. Darauf sah er mich höchst nachdenklich an und meinte, das hätte ich wohl alles geträumt.
Höflich, aber mit Bestimmtheit wies ich darauf hin, dass meine Mutter mir alles ganz genau vorhergesagt hatte, was bis jetzt geschehen war. Ganz besonders wies ich auf den von meiner Mutter vorhergesagten Besuch des Bischofs, also auf seinen Besuch, hin, was ja sonst nicht üblich sei und sich nun tatsächlich ereignet habe. Also könne es kein Traum sein, denn der beziehe sich ja nur auf schon geschehene Ereignisse. Schließlich sagte ich ihm auch sonst alles, was meine Mutter mir mitgeteilt hatte.
Das ließ den Bischof noch nachdenklicher werden. Er wiegte seinen Kopf und sagte:
„Lieber Pfarrer N., bei Gott ist kein Ding unmöglich. Ich will deshalb nicht von vornherein widersprechen, ob Ihr Erlebnisbericht stichhaltig ist oder nicht. Aber", meinte er mit einem Augenzwinkern weiter, „wir werden ja sehen, ob sich die andere Vorhersage erfüllt."
„Sie meinen meine Wahl und Bestellung zum Dechanten."
„Genau! Wir werden ja sehen."
Und das geschah nicht ganz drei Jahre später:
Fast ohne Ausnahme wählten mich bei einer entsprechenden Zusammenkunft die Geistlichen des Dekanates zum Dechanten, obwohl ich das eigentlich gar nicht wünschte.
Mein Bischof hätte mich auch rein schriftlich zum Dechanten bestellen und als solchen bestätigen können. Doch er lud mich eigens in die Kanzlei ein. Dort gratulierte er mir besonders herzlich und kam auf unser seinerzeitiges Gespräch zurück:
„Nun hat sich tatsächlich das bewahrheitet, was Ihre Mutter

Ihnen vor Jahren prophezeit hat. Ich hatte damals meine großen Zweifel. Es ist zwar schwer zu begreifen, aber es scheint zu stimmen. Gottes Wege sind eben nicht immer leicht zu verstehen."
„Aber sie sind mit Sicherheit richtig!"
Mit freundlichem Nicken verabschiedete mich der Bischof und wirkte dabei irgendwie befreit.
Übrigens hatten auch noch weitere Aussagen meiner Mutter gestimmt: Wie ich später erfuhr, war am Abend meines schweren Unfalls der riesige Adventskranz tatsächlich vom Küster und einigen kräftigen Männern an der Decke befestigt worden. Außerdem hatte an diesem Abend – und natürlich auch später – mein Vikar die Gottesdienste übernommen.

Von einem **Traumerlebnis** ist hier nicht auszugehen, weil in diesem Nahtoderlebnis unbekannte, aber auch künftige Geschehnisse mitgeteilt oder vorhergesagt wurden. Wie sich dann später herausstellte, waren sie wirklich eingetroffen oder geschahen später auch tatsächlich. Ein Traum dagegen gibt nur das wieder, was zum Traumzeitpunkt im Gedächtnis gespeichert ist. Genau diese Feststellung hatte ja der verunglückte Pfarrer im Gespräch mit dem Bischof auch schon richtig erkannt.
Ebenso scheiden auch Halluzinationen aus. Der geschilderte Gesamtzustand des Pfarrers lässt offenbar auch auf keinerlei geistige Störung schließen.
Gerade dieses ziemlich ausführlich beschriebene Nahtoderlebnis weist auf viele Aspekte hin, die

den irdischen Tod,
das Leben in der jenseitigen Welt,

die Verbindung zwischen Diesseits und Jenseits
sowie
das Phänomen von Vorhersagen, Weissagungen und Prophezeiungen

betreffen und erklären:
Danach ist **der irdische Tod** lediglich die Trennung des geistigen Menschen vom Körper und damit vom leiblichen Menschen. Der geistige Mensch, wozu naturgemäß auch die Seele gehört, lebt weiter, während der Leib erfahrungsgemäß verfällt.
Leib – Körper – irdisches Dasein – das alles ist nach naturwissenschaftlichen Erkenntnissen und irdischen Erfahrungen problemlos einschätzbar:
Deren Veränderungen und Ende ist ziemlich leicht festzustellen: Ist jemand krank, lässt sich dies einigermaßen sicher erkennen. Notfalls hilft ein Arzt weiter.
Ist jemand aber tot, so scheint dies noch leichter einschätzbar zu sein. Obwohl es auch das Phänomen von derartigen körperlichen Lähmungen gibt, die den Anschein des leiblichen Todes erwecken, ohne dass dieser körperliche Tod aber tatsächlich gesichert ist. Dies gilt erst recht bei oberflächlicher Beurteilung. Im Zweifelsfall helfen exakte Untersuchungen bis hin zur Überprüfung der Herztätigkeit und des etwa zirkulierenden Blutes bzw. von Hirnstrommessungen.
Aber auch bei gesicherter Feststellung des Körpertodes lässt sich nur das **leibliche** Ende eines Menschen erkennen. Bedeutet das aber auch das totale Ende dieses Menschen? Oder besteht ein Teil dieses Menschen weiter? Und wenn wirklich ein solcher Mensch teilweise fortbesteht, welche Qualität und Beschaffenheit hat dann dieser Anteil?
Auf diese Fragen gibt uns die Vision dieses verunglückten Pfar-

rers eine eindeutige Antwort. Natürlich sollten wir bei deren Einschätzung – wie auch sonst insgesamt – äußerst kritisch sein. Doch ergeben sich hier zumindest **drei Beweisschwerpunkte**, die durch keinerlei naturwissenschaftliche Argumente oder natürliche Erfahrungswerte erklärt werden können:

Zunächst teilte die Mutter ihrem Sohn mit, was während seiner Bewusstlosigkeit zeitgleich in der Kirche geschah, ohne dass er dies auch nur in der geringsten Weise hätte vermuten oder erkennen können.
Später erfuhr er, dass sich dies alles auch wirklich so zugetragen hatte.

Dann erfuhr der Pfarrer von seiner Mutter als Vorhersage, dass sein Bischof ihn noch im Krankenhaus besuchen und ihm wegen seiner Waghalsigkeit Vorhaltungen machen würde. Diese Prophezeiung konnte der Verunglückte unmöglich vorhersehen oder vermuten, weil dies so nicht üblich oder vorhersehbar war.

Der Pfarrer erkannte Tage später die Richtigkeit dieser Vorhersage.

Schließlich hatte seine Mutter dem Pfarrer auch seine Wahl zum Dechanten prophezeit, die erst etwa drei Jahre später – also lange danach – erfolgte.
Auch diese Vorhersage erfüllte sich.

Sowohl die eindeutige Beschreibung der Mutter durch den Sohn – also den Pfarrer – und die geradezu lebenswirklich in Erscheinung tretende Person der Mutter lassen den Gedanken an eine Art *„Phantom"* unbedingt ausscheiden. Dies wird auch zusätzlich verstärkt durch die realitätsbezogene Wesensart der Mutter, die sich zwar als *geistigen Menschen* beschrieb und auch so zeigte, aber zur speziellen irdischen Wirklichkeit mit dem Unfall ihres Sohnes in der Kirche einen unmittelbaren Wesensbezug hatte. Sie war also nicht etwa gleichsam entrückt und weit weg von der Realität, sondern unmittelbar dabei. Ein *„Phantom"* würde sich kaum mit irdischen Vorkommnissen befassen, sondern allenfalls gleichsam über ihnen schweben.

Hinzu kommt, dass die Mutter auch Vorgänge mitteilte, die der Verunglückte weder zum gegenwärtigen Zeitpunkt noch in naher oder ferner Zukunft wissen oder erahnen konnte. Auch das waren höchst realitätsbezogene Ereignisse, die sich dann später tatsächlich alle restlos bestätigten.

Nach dieser Darstellung nimmt der *geistige Mensch* sehr wohl Anteil am irdischen Geschehen und unterscheidet sich damit von irgendeinem *„Phantom"*. Er ist also *Mensch* mit seiner gesamten *geistig-menschlichen* Wesensart, aber ohne seinen ursprünglichen Körper. Und gerade weil er nicht mehr an diesen Körper gebunden ist, wird sein Geist vom Leib auch nicht mehr *„gebremst oder abgeschirmt"* und kann ohne Behinderung in die Zukunft schauen. Dabei kann er offenbar Dinge und Geschehnisse sehen und erkennen, die sonst nicht vorhersehbar wären.

Mit diesen Erkenntnissen lassen sich auch die Fragen zur **Feststellung des Körpertodes** und zu dessen Folgen eindeutig beantworten:

Bedeutet das leibliche Ende das totale Ende dieses Menschen?

Der Tod des Körpers ist keineswegs das totale Ende dieses Menschen!

Besteht ein Teil dieses Menschen weiter?

Als Teil dieses Menschen besteht sein Geist (mit der Seele) vielmehr weiter!

Welche Qualität und Beschaffenheit hat dieser menschliche Anteil?
Dieser Mensch besteht in geistig-menschlicher Wesensart weiter! Er ist damit ein rein geistiger Mensch!
Auf dem Hintergrund dieser Einsichten und Erkenntnisse stellt sich unmittelbar auch die Frage nach dem nächsten Aspekt als Ergebnis aus dem Nahtoderlebnis des verunglückten Pfarrers, nämlich die Frage nach **dem Leben in der jenseitigen Welt.**
Wenn ein Mensch auch ohne Körper also fortbesteht, wie vollzieht sich dann seine weitere Existenz und wie ist sie beschaffen?
Der vom Verunglückten wahrgenommene Leib seiner Mutter war ein völlig durchgeistigter Körper, also weitaus mehr als eine Art *Scheinleib*. Dies erklärt sich auch schon in der Beschreibung eines völlig von Licht durchfluteten Körpers. Denn einen solchen Leib gibt es im irdischen Leben ja nicht wirklich. Seine Mutter dürfte einen solchen lichtdurchfluteten Leib angenommen haben, um mit ihrem Sohn in einen dem Erdenleben möglichst angenäherten menschlichen *Gefühlsdialog* und buchstäblich in einen *echten Gedankenaustausch* zu treten. Aber auch dieser Vorgang war echt und nach irdischen Vorstellungen realistisch, also **keine** Art von Schauspiel. Denn alle Mitteilungen der Mutter basierten auf tatsächlicher gegenwärtiger oder künftiger Lebenswirklichkeit.
Aus den Angaben der Mutter lässt sich weiter ableiten, dass sie ohne Körper und damit ohne *körperliche Dimension* – also ohne irgendeinen Raum zu benötigen – existiert. Entwickelt man diese Vorstellung konsequent noch weiter, so bedeutet das die absolute Unabhängigkeit von irgendeinem Raum. Die jenseitige Welt benötigt demnach keinerlei Räumlichkeit oder räumliche Ausdehnung.

Weiterhin ließ die Mutter erkennen, dass sie frei ist von irgendeiner zeitlichen Begrenzung, indem sie darauf hinwies, dass sie in zeitlicher Unabhängigkeit irdischer Zeiteinteilungen von *Vergangenheit – Gegenwart – Zukunft*
ist. Dies bewies sie auch durch die eindeutig belegten Aussagen zu zeitgleichen, also gegenwärtigen Vorkommnissen, aber auch zu Geschehnissen sowohl in *naher* als auch *ferner* Zukunft.
Entwickelt man diese Gedanken konsequent noch weiter, so lässt sich daraus ableiten, dass die jenseitige Welt völlig frei und unabhängig ist von jeglicher Art von **Raum und Zeit.**
Damit entsprechen die Aussagen aus dem Nahtoderlebnis **Herzinfarkt eines Politikers** auch denen aus dem jetzigen Bericht.
Ob sich diese Erkenntnis auch weiterhin ergibt, soll anhand der Resultate sonstiger Nahtoderlebnisse nachvollzogen werden.
Ihr Leben in der jenseitigen Welt erfülle sie mit großem Glück, sie sei nämlich *sehr glücklich*, äußerte die Mutter des Pfarrers auf seine Frage. Aus ihrer gesamten Antwort auf diese Frage lässt sich ableiten, dass es in der jenseitigen Welt die Glücksgemeinschaft mit *dem höchsten Wesen*, also *mit Gott*, gibt, die der uneingeschränkte Inbegriff von größtem Glück, höchster Freude und umfassendster Liebe ist.
Über eine geistige Existenz außerhalb dieser Glücksgemeinschaft hat die Mutter nichts mitgeteilt. Ob es sie gibt und wie sie wohl beschaffen ist, lässt sich vielleicht aus anderen Nahtoderlebnissen ableiten.
Einen weiteren Aspekt sprach die Mutter des Verunglückten auch an: Das ist die geistige Verbindung zum Diesseits, also **die Verbindung zwischen Jenseits und Diesseits.**

Denn neben ihren stichhaltigen Aussagen zu *zeitgleichen Vorkommnissen* und ihren richtigen Vorhersagen zu *Ereignissen in naher und ferner Zukunft* äußerte sie sich auch über ihr Wissen um die Tätigkeiten ihres Sohnes in der Kirche vor dessen Unfall. Ja, mehr noch! Sie sagte, sie sehe auch, was im irdischen Leben geschehe. Entwickelt man auch diesen Gedanken konsequent weiter, so nahm diese Mutter nicht nur an der jenseitigen Glücksgemeinschaft teil, sondern hatte auch eine zumindest *geistige Teilhabe* am Wissen um irdische Vorgänge. Im Gegensatz zu einem Menschen im irdischen Leben, für den es normalerweise keine Doppelexistenz gibt, scheint der *geistige Mensch* in der Lage zu sein, wenigstens an zweierlei geistig-seelischem Leben teilnehmen zu können. Und aus dieser Feststellung lässt sich schließlich ableiten, dass der *geistige Mensch* im Jenseits sich auch für das irdische Leben – etwa seiner Angehörigen – interessiert und dies aller Wahrscheinlichkeit nach auch mit begleitet. Wenn das aber so stimmt und der *geistige Mensch* in die Zukunft schauen kann, wird er wohl auch künftige Gefahren erkennen und vor ihnen warnen. Diese Feststellung ergibt sich auch aus den Schlussfolgerungen zum vorherigen Nahtoderlebnis **Herzinfarkt eines Politikers**.

Diese Schlussfolgerung, dass ein **geistiger Mensch** wohl zumindest mit der Befähigung zur Doppelexistenz ausgestattet ist, geht schlüssig aus den Darstellungen der Mutter hervor:

Danach nahm sie uneingeschränkt an der *Glücksgemeinschaft* teil und befasste sich zugleich mit irdischen Geschehnissen. Diese hochinteressante Erkenntnis muss allerdings weiter auf Richtigkeit hin überprüft werden. Künftig dargestellte Nahtoderlebnisse sollen somit auch auf dieses Phänomen hin erörtert und untersucht werden.

Zumindest aus den beiden Nahtoderlebnissen **Herzinfarkt eines Politikers** und **Schwerer Unfall eines Pfarrers** geht unzweifelhaft hervor, dass Warnungen für das Leben eines Menschen und zu dessen Schutz gegeben werden. Das Problem bei diesen Warnhinweisen aus der jenseitigen Welt – ganz gleich, ob von verstorbenen Angehörigen oder geistigen Begleitern – dürfte allerdings in der Aufnahmebereitschaft eines Menschen im Diesseits sein und nicht in den aus dem Jenseits erfolgenden Warn- oder Schutzhinweisen, die es ja offenbar in jedem Falle gibt.

Im Nahtoderlebnis **Herzinfarkt eines Politikers** spricht der Dialogpartner sowohl *die Beachtung der äußeren Umstände* als auch *die Stimme aus dem Innern eines Menschen bzw. die (geistig-seelische) innere Stimme oder damit einhergehende Vorahnungen* an. Dadurch soll der Mensch erkennen, was für ihn gut oder schädlich ist.

Wenn man also merkt, dass ein Vorhaben trotz Planung und Engagement *auf keinen Fall* gelingen will, sollte man überlegen, ob dieses Vorhaben wirklich sinnvoll ist. Natürlich darf man bei geringsten Problemen nicht gleich auf die Verwirklichung eines Projektes verzichten. Bei widrigen äußeren Umständen befindet sich der betreffende Mensch natürlich *auf einer äußerst schwierigen Gratwanderung*: Soll er auf dieses Vorhaben verzichten oder auf Biegen oder Brechen darauf bestehen? Eine klare Antwort ist sehr schwer.

Aber: In so einem Fall empfiehlt es sich, sorgfältig das **Für und Wider** abzuwägen und dabei zu versuchen, eben auf die gleichfalls angesprochene **innere Stimme** zu achten.

Dabei hilft auch folgende Überlegung:

Wenn tatsächlich ein Warn- und Schutzhinweis vom Jenseits aus gegeben wird, dann wird dieser von „dort aus" besonders intensiviert, sofern der vorgesehene

Empfänger im Diesseits sich darauf konzentriert und entsprechende Mitteilungen beachtet.
Wer auch immer aus dem Jenseits einen solchen Schutzhinweis gibt, blickt ja auch in die Zukunft, sieht die weitere Entwicklung und bemüht sich nach Kräften, dass diese Warnung ankommt und beachtet wird, sofern der diesseitige Empfänger sich dafür offenhält und darauf achtet.
Natürlich ist es anfangs äußerst schwierig, die Warn- und Schutzhinweise aus dem Jenseits richtig einzuschätzen und von Irrtümern zu unterscheiden. Hierzu sollen dann auch die Schlussfolgerungen aus weiteren Nahtoderlebnissen beitragen.
In enger Beziehung zur *Verbindung zwischen Diesseits und Jenseits* steht auch **das Phänomen von Vorhersagen, Weissagungen und Prophezeiungen.** Wie sich aus den beiden Nahtoderlebnissen **(Politiker und Pfarrer)** ergibt, sind *Geistwesen bzw. geistige Menschen* im Jenseits von der Zeit völlig unabhängig und können zukünftige Ereignisse klar und deutlich erkennen, was für Menschen unmöglich ist. Sie wissen also problemlos, was in der Zukunft geschieht, und können dies folglich auch den Menschen mitteilen. Dabei handelt es sich dann um *Vorhersagen, Weissagungen und Prophezeiungen*, also um Mitteilungen über Vorkommnisse in naher oder ferner Zukunft. Sie teilen dies aber nur in bestimmter Absicht mit, die fast immer mit irgendwelchen Warn- oder Schutzhinweisen einhergehen.
Irgendwelche Weissagungen oder Prophezeiungen um des *Vorhersageeffektes* willen scheiden somit – gemäß den Aussagen aus den beiden letzteren Nahtoderlebnissen – aus. Wenn also jemand irgendwelche Geschehnisse „*weissagt oder prophezeit*", so ist in jedem Fall größte Zurückhaltung

und Vorsicht angebracht. In der Psychologie werden derartige Phänomene häufig als *außer- oder übersinnliche Wahrnehmungen* bezeichnet, womit jedoch nichts Konkretes ausgesagt wird. Damit wird weder ausgedrückt, ob es sich um tatsächliche und brauchbare Mitteilungen handelt oder ob es Betrug ist. Gerade auf diesem Gebiet gilt *äußerste Vorsicht*. Denn es gibt Menschen, die **vermuten oder erspüren halbwegs,** was mit bestimmten Personen in *naher Zukunft* möglicherweise geschieht, ohne dass sie exakte Beweise hierfür haben. Aus diesem zweifelhaften *Halb- oder Falschwissen* erdeuten sie – meist noch mit geschicktem Ausfragen dieser Menschen – deren angebliche Zukunft, ohne dass hierfür echte Vorgaben und Beweise existieren. Die betreffenden Menschen sind zunächst begeistert und finden sich schließlich in tiefster und schlimmster Enttäuschung wieder.

Als Leitgedanke für echte Prophezeiungen gilt: Sie sind Schutz- und Warnhinweise aus dem Jenseits!

Elfjährige mit Inlineskates

Wilma T. hatte eine unglaubliche Vorliebe für Inlineskates. Dabei konnte es ihr nicht wild und schnell genug zugehen. Einerseits machte ihr die rasende Geschwindigkeit einen Riesenspaß. Schneller als im Winter auf Schlittschuhen und im Sommer früher auf Rollschuhen kam ihr der rasante Lauf auf den Inlineskates vor. Das war doch ein irres Gefühl: mitten durch die Fußgänger durch und um sie herum, vor allem wenn diese tobten und wild in der Gegend herumgestikulierten – und wenn sie dann längst auf und davon war, auf ihren Inlineskates eben.
Ihr sportlicher Vater war ebenso begeistert – über Wilma, die Wilde, wie er sich stolz äußerte. Ihre Mutter verging fast vor Angst und Sorge. Sie mahnte, warnte und drohte. Aber ihre Tochter witzelte und lachte nur:
„Mama, du machst dir nur unnötige Sorgen. Auf den ‚Rolldingern' bin ich einsame Spitze. Hör auf Papa! Der ist begeistert."
Je mehr ihre Mutter erfolglos zu bremsen versuchte und die Fußgänger schimpften und auf den Fußgängerwegen herumwirbelten, umso toller trieb ihre Tochter Wilma die Jagd auf den Inlineskates, während ihr Vater sie noch ansporte und der Ansicht war, für Inlineskates müsse es eines Tages doch auch eine Art olympische Sportdisziplin geben.
Mit solchen Fantasien erfüllt, konzentrierte sich Wilma T. natürlich weitaus mehr auf diese rasanten „Rolldinger", wie sie die Inlineskates nannte, als auf ihre eigentlichen schulischen Aufgaben.
Schließlich wollte sie auf einer besonders steilen und abschüssigen Straße ausprobieren, ob diese Inlineskates mögli-

cherweise noch schneller rollen könnten. Also ging sie mit den Inlineskates ans obere Ende der Straße, schnallte sie an – und auf ging's nach unten. Mit ihren Rollern nahm sie immer mehr an Geschwindigkeit zu, was ihre Begeisterung nur noch mehr beflügelte. Doch da! Aus einer Seiteneinfahrt bog ein Auto auf die Straße und nahm mehr als die Hälfte der nicht gerade breiten Straße ein. Wilma sah es erst im letzten Moment und konnte dem Auto nicht mehr ausweichen. Sie raste seitlich gegen das Fahrzeug, knallte buchstäblich dagegen und flog im hohen Bogen darüber hinweg und landete mit voller Wucht auf dem Straßenasphalt. Zudem hatte sich der Schutzhelm verschoben und fing den unglaublichen Aufprall nur unvollständig auf. Der sofort herbeigerufene Notarzt samt Rettungsdienst leistete erste Hilfe und veranlasste die umgehende Überführung der schwer verunglückten Schülerin ins nächste Krankenhaus.
Wilma T. gab von ihrem Unfall und der Zeit danach folgenden Bericht:

Ich hatte ein unglaubliches Glücksgefühl, auf meinen Inlinerollern die steile Straße hinabzusausen, erst recht, weil es immer schneller nach unten ging. An irgendetwas, das mir in den Weg kommen könnte, dachte ich natürlich nicht. Was sollte mir denn schon in den Weg kommen? Da sah ich plötzlich etwas großes Blaues, das von einer anderen Straße auf meine Straße kam. Ich dachte noch, das darf doch nicht wahr sein, und da krachte ich auch schon seitlich auf dieses riesige Stück und fühlte noch, wie ich irgendwie durch die Luft flog und auf der harten Straße aufschlug. Dabei verlor ich die Besinnung. Mir wurde es schwarz vor Augen. Wie lange das so gedauert hat, weiß ich heute nicht mehr. Irgendwann hörte ich in diesem Dunkel eigenartige, mir bis

dahin unbekannte Musikklänge. Dann nahm die Musik ab, und ich hörte jemand sprechen. Wer war das denn? Diese Stimme hatte ich doch schon mal gehört, aber wer war das? Jemand sprach mich lieb und nett an. Da ich niemand erkannte, auch weil es noch immer ziemlich dunkel war, fragte ich ganz einfach:
„Wer spricht denn da mit mir?"
„Aber, Wilma, erkennst du mich nicht mehr? Ich bin doch deine Omi, die Mutter deiner Mama."
„Ah. Aber du bist doch schon lange tot."
„Ja, aber immer noch da, wie du hörst."
„Wie kommt das denn? Du bist doch so lange schon tot."
„Aber nach dem Tod lebe ich in einer anderen Welt weiter."
„Gibt es das denn wirklich?"
„Ja, wie du hörst."
„Aber ich höre dich nur und kann dich nicht sehen."
„Gut, Wilma, mein Mäuschen, jetzt kannst du mich auch sehen."
Dabei sah ich eine Art bläuliches Licht, das immer heller wurde. Und mitten in diesem Licht sah ich sie, meine Omi, so wie ich sie als kleines Kind noch in Erinnerung hatte. Soweit ich mich erinnerte, hatte sie sich überhaupt nicht verändert. Sie schaute mich ganz lieb an. Und ich konnte mich überhaupt nicht bremsen und fragte sie:
„Aber, Omi, wie kommt es denn eigentlich, dass du tot bist und trotzdem immer noch da? Du sprichst ja mit mir."
„Als ich noch bei euch war, da habe ich bei euch gelebt. Dann bin ich gestorben. Aber nur ein Teil von mir ist gestorben. Der andere Teil lebt weiter."
„Und was ist das für ein Teil?"
„Das ist mein Geist mit meiner Seele. Das kann man eigentlich nicht sehen."

„Aber, Omi, das ist aber komisch. Ich kann dich doch jetzt sehen."
„Ja, richtig. Ich habe nämlich meinen früheren Körper angenommen, damit du mich erkennen kannst."
„Und ich habe gedacht, der ist tot und liegt auf dem Friedhof."
„Das stimmt auch. Aber mein Geist lebt weiter und kann auch den Körper geistig wieder darstellen und dir zeigen."
„Was ist das denn? Geist und geistig? Was ist das?"
„Sieh mal, mein Mäuschen, du kannst doch auch denken. Du kannst an Dinge denken, die du nicht direkt siehst."
„Ach, und so ähnlich ist das auch mit Geist und so?"
„Ja, Wilma, so ähnlich ist das. Du bist ein kluges Kind."
„Das sagt der Papa auch immer. Und Mama natürlich auch."
„Und jetzt bist du hier, Omi. Was machst du denn hier eigentlich?"
„Ganz einfach. Ich besuche dich und rede mit dir."
„Ja, warum hast du uns denn bisher nicht besucht?"
„Eigentlich habe ich euch besucht. Aber ihr habt es nicht gemerkt. Ihr habt doch immer so viel zu tun."
„Und wie kommt es, dass ich dich jetzt sehen und mit dir sprechen kann?"
„Ja, jetzt bist du so schwer hingestürzt, dass du in einem ganz, ganz tiefen Schlaf bist. Deshalb kannst du jetzt auch auf das genau aufpassen, was ich mit dir spreche."
„Muss ich denn jetzt sterben so wie du damals?"
„Nein, du wirst nicht sterben. Aber es hätte nicht mehr viel gefehlt."
„Werde ich denn auch wieder gesund werden?"
„Ja, du wirst wieder gesund werden. Sogar sehr schnell."
„Meinst du, Papa und Mama sind mir sehr böse?"
„Nein, sie sind nicht böse. Sie sind froh, dass du bald wieder gesund bist."

„Omi, wie geht es dir denn so?"
„Mir geht es sogar sehr gut."
„Bist du denn jetzt im Himmel, wie die Leute oft sagen?"
„Ja, so kann man sagen."
„Und wie ist es da?"
„Da ist es sehr, sehr schön."
„Ja, dann möchte ich da auch hineinkommen und bei dir bleiben."
„Wilma, mein Mäuschen, du kommst später da hinein, aber jetzt noch nicht."
„Und warum nicht?"
„Weil du noch bei Mama und Papa bleiben sollst. Sie wären ja sonst unglaublich traurig. Und du sollst ja auch noch weiter in die Schule gehen."
„Und mit den Rollern irgendwann den ersten Preis machen."
„Genau das sollst du nicht machen."
„Und warum nicht?"
„Weil du dann noch schlimmer hinfallen kannst. Und dann würdest du tatsächlich sterben. Oder willst du das?"
„Nein, Omi, das will ich nicht."
„Du kannst ja mit diesen Rollern fahren. Aber du darfst damit nicht rasen. Du darfst nur so damit fahren, dass du keinen Unfall hast. Und anderen Leuten sollst du mit den Rollern ja auch nicht wehtun."
„Ja, Omi, wenn du meinst. Aber ich fahre doch so gern und auch so schnell."
„Du darfst ja auch fahren. Aber du darfst eben nicht schnell damit fahren. Du hast ja gemerkt, wie schlimm das sein kann."
„Und jetzt willst du sicher, dass ich dir das verspreche."
„Genau, mein Mäuschen. Du bist wirklich ein kluges Mädchen."

Elfjährige mit Inlineskates

„Na ja, Omi, okay, wenn's nicht anders geht."
„Das ist lieb von dir, Wilma, mein Mäuschen. Es wird dir ja auch nicht allzu schwer mehr fallen. Und denke dran, ich merke, ob du dein Versprechen auch hältst."
Ich wollte meine Omi gerade noch fragen, wie sie das denn wohl machen wolle. Doch da war sie nicht mehr zu sehen und zu hören.
Wieder wurde es dunkel um mich. Und wohl erst eine lange Weile später wachte ich im Krankenhaus auf. Dort taten sie alles, damit ich bald wieder gesund werden sollte. Mama und Papa besuchten mich. Sie waren sehr besorgt um mich. Und Mama weinte andauernd. Sie verlangte von mir, dass ich ja nicht mehr mit den Inlinerollern fahren dürfte.
Gerade hätte ich mich dabei fast verplappert, dass ich das so ähnlich auch schon der Omi versprochen hatte. Aber dann hätten sie sicher nur mit dem Kopf geschüttelt.

Wilma T. wurde dann tatsächlich überraschend schnell gesund. Den Ärger mit dem Besitzer des durch seine Tochter beschädigten Autos nahm ihr Vater umso kragloser auf sich, als es der Tochter überaus schnell wieder besser ging. Damit war ihm auch die ursprüngliche „Olympia-Begeisterung" für den Sport mit den Inlineskates seiner Tochter vergangen, womit Wilma ihr Versprechen der Großmutter gegenüber auch umso leichter halten konnte.

Von einem **Traumerlebnis** oder einer **Halluzination** auszugehen, dürfte ausscheiden, weil zumindest ansatzweise zukünftige Geschehnisse angesprochen wurden. Das betraf einerseits die raschest mögliche Heilung und andererseits den Verzicht des Vaters auf den Inlinesport seiner Tochter.

Natürlich hätte man durch den Gesamtablauf der Geschehnisse auch ohne Vorhersage auf eine ähnliche Vermutung

kommen können. Doch lässt die überaus genaue Beschreibung des Kindes davon ausgehen, dass es sich hier weder um einen Traum noch um ein Trugbild handeln kann. Denn einen Traum derart exakt wiederzugeben, widerspricht jedem Erfahrungswert. Und von einer geistigen Störung kann man bei dem geschilderten und abzuleitenden Gesundheitszustand Wilma T.s und ihrer offensichtlichen hohen geistigen Begabung auch nicht ausgehen.
Wilmas Großmutter spricht ganz natürlich und ohne pathetische Erörterung von ihrem **irdischen Tod** als einer Trennung von Körper und Geist. Und die Enkelin weist darauf hin, dass der tote Körper ihrer Omi auch nach ihrem Erkenntnisstand auf dem Friedhof sei und nicht weiterlebe. Umso eindrucksvoller ist dann auch die Feststellung des Kindes, dass ihre Großmutter weiterlebt, obwohl sie ursprünglich davon ausging, es gebe sie nicht mehr. Ganz kindgemäß erklärte ihre Omi, *nur ein Teil von ihr sei gestorben, der andere Teil aber lebe weiter.* Und ihre Großmutter erklärte in ziemlich einfachen und kindgerechten Erklärungen, wie man sich die Fortexistenz ihres Geistes vorstellen könne.
Hier ist auch besonders bemerkenswert, wie Wilmas Oma ihrer Enkelin – kindangepasst – in einfachen, aber treffenden Darstellungen die Wesensart des Geistes erklärt, indem der Geist – auch ohne unmittelbare *„Anbindung"* an den Körper – wirken und existieren könne. Gerade die Unbekümmertheit und Unvoreingenommenheit des Kindes, das eine Reihe auch kritischer Fragen stellt, die seine Großmutter treffend beantwortet, führt zu einer verständlicheren und wirkungsvolleren Erklärung des Weiterlebens nach dem Tod als große fachwissenschaftliche Erörterungen.
Ähnlich verhält es sich mit der Antwort der Großmutter auf die Frage ihrer Enkelin, wie es ihr (**im jetzigen**, **also jensei-**

tigen Leben) gehe. Wilmas Oma antwortet, da sei es *„sehr, sehr schön"*. Natürlich ist davon auszugehen, dass Wilmas Großmutter aus **ihrer** jenseitigen Sicht antwortet, denn ihre Enkelin hat ihre Frage auch speziell auf ihre Omi bezogen.
Zur **Verbindung zwischen Diesseits und Jenseits** hat Wilmas Großmutter an zwei Stellen eindeutig geantwortet:
Sie hätte den Kontakt zu Wilmas Eltern aufgenommen, doch diese seien zu beschäftigt – also abgelenkt –, um den Kontakt zu merken.
Außerdem würde sie – die Großmutter – aufpassen, ob ihre Enkelin ihr Versprechen, mit den Inlineskates vorsichtig zu fahren, auch einhalte.
Diese Mitteilungen waren in ihrem Aussagegehalt und sprachlichen Stellenwert eindeutig so einzuschätzen, dass sie ehrlich waren und nicht etwa nur *„eine Art pädagogischen Effekt"* haben sollten.
Insgesamt ist auch aus diesem Nahtoderlebnis im Wesentlichen abzuleiten:
Der irdische Tod ist lediglich die Trennung von Körper und Geist. Der Körper verfällt, der Geist lebt weiter.
Es gibt ein Weiterleben im Jenseits.
Zwischen Diesseits und Jenseits gibt es einen Kontakt, der jedoch von der Sensibilität der Menschen im Diesseits abhängt. Das bezieht sich auf die Hinwendungsbereitschaft diesseitiger Menschen auf die – oft versteckten – Mitteilungen geistiger Wesen aus der jenseitigen Welt.

Sportlehrer auf dem Trampolin

Harry S. galt an seiner Schule als Star. Als Lehrer für Sport und Biologie unterrichtete er Biologie als „Pflicht", Sport aber als „Kür".
Entsprechend arbeitete er auch: Den Bio-Unterricht leistete er pflichtgemäß ab, ohne dass ihm die Direktion hätte Versäumnisse nachweisen können, aber auch keinen Fingerbreit mehr.
Im Sport aber entwickelte er eine Aktivität, die in der Stadt bald enorme Größenordnungen einnahm. *„Harry, der Größte"* galt für ihn als Mindestmaß, vor allem in jeder denkbaren Zeitung der gesamten Umgebung.
Nun wäre das nicht weiter schlimm gewesen, wenn er nicht jeden anderen Sportler – einschließlich der Fachlehrer – in der schlimmsten Weise verunglimpft hätte.
Irgendwie war er dazu vorprogrammiert, weil sein Vater ebenfalls ein Sportler-Ass gewesen war und andere Sportler heruntergewürdigt und diffamiert hatte. Er hatte häufig dazu geneigt, irgendwelche Konkurrenten in einer Weise zu beleidigen, die ihm nur Hass und Ablehnung eintrug. Als es irgendwann um einen sogenannten „fairen Wettkampf" in einer speziellen Sportdisziplin kam, revanchierten sich seine „Sportskameraden" in einer Weise, die Harrys Vater eine riesige Blamage eintrug, von der er sich psychisch nie mehr erholte. Damit erhielt er auch einen gesundheitlichen Knacks, der ihn – den Supersportler – irgendwann ruinierte. Er wurde nicht alt.
Dieses Erlebnis war für Harry prägend. Um seinen Vater irgendwie zu rächen, dazu war er zu jung. Denn die mut-

maßlichen Übeltäter, die seinen Vater sportlich zu Fall gebracht hatten, waren inzwischen zu alt. Doch wollte er es allen anderen und auch den Nachkommen dieser vermeintlich unfairen Sportler zeigen, dass er und natürlich auch sein Vater eindeutig die fähigeren Sport-Asse waren und seien.
Dabei machte er den Fehler, ähnlich wie sein Vater zu übertreiben, sich selbst in den Vordergrund zu rücken und gleichzeitig alle eventuellen Konkurrenten – möglichst auch lauthals – in den Schatten zu stellen.
Dazu ergab sich die beste Gelegenheit bei einem ganz besonders hochrangigen Sportfest vor allem für Lehrer.
Harry S. lag bei allen einzelnen Sportdisziplinen überall an der Spitze. Schließlich sollte ein besonders gewagtes Trampolinspringen den sportlichen Höhepunkt darstellen. Viele Sportler winkten ab, nicht aber Harry S. Das war doch was!
Jetzt konnte er diesen Sportweichlingen mal zeigen, was ein sportlicher Superstar wirklich „draufhatte" und konnte.
Also dann nichts wie los auf dieses Super-Trampo, wie er es eigenwillig nannte.
Seine Leistungen waren wirklich höchst bemerkenswert und ließen seine Fachkollegen schließlich vor Neid erblassen. Und besonders schlimm war für sie, dass vor allem die *Kolleginnen* von den verschiedenen Schulen Harry S. bewunderten und mit Jubelrufen unglaublich begeisterten und anfeuerten: „Harry – Harry – Harry! Du schaffst es! Harry – höher – Harry – höher!"
Natürlich *beflügelten* ihn die Rufe im wahrsten Sinne des Wortes, sodass er immer wuchtiger und kraftvoller sprang und immer höher geschleudert wurde. Er fühlte sich wie in einem Höhenrausch.
Doch dann geschah es: Mit dem rechten Bein rutschte er aus und verlor die Stabilität. Er schleuderte noch hoch und stürz-

te dann nach unten aufs Trampolin. Dabei schlug er mit dem Hinterkopf auf die metallene Haltestange und blieb schwer verletzt liegen.
Sofort bemühten sich einige Lehrkräfte, erste Hilfe zu leisten. Andere alarmierten über die Notrufnummer Notarzt und Rettungswagen. Es dauerte auch nicht lange, bis der Rettungswagen mit einem Notarzt eintraf. Ohne Umschweife wurde Harry S. nach ärztlicher Notversorgung ins nächste Krankenhaus gebracht und dort auf schwere Kopfverletzungen, vor allem des Gehirns, hin untersucht, sorgfältig behandelt und unter intensivste Beobachtung gestellt.
Wesentlich später und lange nach seiner Genesung war Harry S. zu folgender Mitteilung bereit:

Vor allem die Begeisterungsrufe der Kolleginnen von den verschiedenen Schulen hatten es mir angetan. Ich ahnte – die Fachkollegen hätten vor Neid und Wut platzen können. Aber auch das machte mir unglaublichen Spaß. Wieder schleuderte ich sehr hoch über das Trampolin hinaus und jagte wieder nach unten, um wieder nach oben zu sprinten. Doch da rutschte ich mit meinem rechten Fuß aus. Das rechte Bein verlor den festen Stand, und ich schoss nach oben. Dabei behielt ich die erforderliche Stabilität nicht mehr und stürzte nach unten.
Ich landete nicht mehr stehend, sondern schlug der Länge nach auf, allerdings nicht nur auf dem elastischen Sprungtuch, vielmehr mit meinem Hinterkopf voll auf der Haltestange aus Metall.
Den heftigen Aufschlag mit dem Kopf spürte ich noch, den Knall des Aufpralls hörte ich ebenso, und irgendwie sah ich über mir noch ganz kurz den teilweise blauen Himmel mit den grauen Wolken. Dann wurde es schwarz um mich. Ich

hörte, sah und fühlte überhaupt nichts mehr. Aber ich schien noch denken zu können. Was war denn überhaupt passiert? Dieses gesamte Geschehen lief wie eine Art Film gleichsam im Zeitraffersystem ab.
Zuweilen hatte ich davon gehört, dass in höchster Todesgefahr das ganze Leben vor dem inneren Denken abläuft. Deshalb wunderte es mich ein wenig, dass ich nur den Ablauf dieses gesamten Sportereignisses wahrnahm, aber nicht den ganzen Lebenslauf. Doch nur wenig später erkannte ich mich in einem zunehmenden Dunkel ohne den geringsten Schimmer von Helligkeit und vor allem auch ohne irgendeinen Ton.
Zunächst machte mir diese völlig lautlose Finsternis nichts aus, weil ich dachte, nun könne ich eben ein wenig schlafen. So sehr ich mir einen solchen Schlaf auch wünschte – es gelang aber nicht. Es war und blieb unglaublich dunkel und still. Zwar konnte ich irgendwie denken. Doch konnte ich nicht das Allergeringste wahrnehmen. Daher wurde mir angst und bange. Was war das? Nichts sehen und nichts hören? Hatten mein Sturz und Unfall mich blind und taub gemacht? Wie furchtbar und entsetzlich! Nun ahnte ich, wie grausam das Leben für taubblinde Menschen sein muss. Aber da kam mir der Gedanke, wenigstens müsste ich ja noch tasten, riechen und schmecken können. Aber auch das war nicht möglich. Es war fürchterlich!
Wie lange ich so wohl zubrachte, weiß ich nicht und möchte ich auch gar nicht wissen. Doch irgendwann erkannte ich einen armseligen Lichtschimmer, der ganz allmählich mehr und mehr an geringfügiger Helligkeit zuzunehmen schien.
Irgendwann nahm ich in diesem sonderbaren Halbdunkel eine Gestalt wahr, die mich an meinen Vater erinnerte. Sie kam näher. Und da stellte ich fest: **Es war mein Vater.** *Und*

zugleich hörte ich auch schon seine Stimme – genauso, wie er früher immer gesprochen hatte:
„Harry, mein Junge, dich hat es aber schlimm getroffen. Du machst ja auch Kunststücke, die gar nicht gut sind."
Über sein Erscheinen war ich unglaublich überrascht. Was machte denn ausgerechnet mein Vater hier, der ja schon vor langer Zeit gestorben war. Ebenso fehlten mir fast die Worte über seine Äußerungen. Doch da rutschte es mir nur so heraus:
„Und das sagst du mir?"
„Ich weiß, mein Junge. So habe ich es früher auch gemacht. Aber deshalb wird es ja nicht besser."
„Ich habe angenommen, du bist tot. Und wie kommst du jetzt her zu mir? Aber ich denke, das ist nur ein Traum."
„Nein, Harry, das ist kein Traum. Das ist wirklich so."
„Und wie lässt sich das erklären?"
„Ziemlich einfach: Bei meinem Tod ist nur mein Körper gestorben. Doch es gibt beim Menschen ja noch weit mehr als nur den Körper."
„Und was ist das?"
„Der Geist lebt weiter. Er kann nicht sterben. Die Seele auch nicht. Denn sie gehört zum Geist."
„Ich verstehe nur ‚Geist'. Was hat das denn zu bedeuten?"
„Schau mal, Harry, mein Junge. Du kannst doch denken."
„Ja, das nehme ich doch stark an. Eben in der schrecklichen Finsternis habe ich weder etwas gesehen noch gehört. Aber denken konnte ich noch."
„Genau das ist es. Du kannst denken, ohne etwas zu sehen oder zu hören. Sehen und hören kannst du nur mit dem Körper. Aber denken kannst du auch ohne den Körper. Das hast du ja eben selbst erlebt und mir sogar genauso erklärt."
„Papa, ich weiß nicht, was ich dazu sagen soll."

Sportlehrer auf dem Trampolin

„Ja, mein Junge, dieses Denken geschieht in erster Linie mit dem Geist. Der Körper ist nur so eine Art ‚Erfüllungsgehilfe'."
„Wenn das stimmt, was du sagst, dann könnte man ja auch **nur** mit dem Geist denken und etwas verstehen."
„Genau! Jetzt hast du das restlos begriffen."
„Mal tatsächlich angenommen, Papa, es ist so, was ist denn dann mit dir los und was mit mir?"
„Zunächst zu dir: Du hast einen beinahe tödlichen Unfall gerade so eben überstanden. Wärst du nur etwa zehn Zentimeter weiter nach außen aufgeschlagen, so wäre dein Körper jetzt tot. Denn dein Genick wäre total gebrochen gewesen. Und du hättest keinerlei Chance mehr gehabt, körperlich weiterzuleben. Dein Schädel hat dich auch vor einer tödlichen Gehirnblutung bewahrt."
„Heißt das, ich werde wieder gesund?"
„Stimmt. Aber mach dann so einen Unsinn nicht wieder."
„Danke, Papa, dass du mir das sagst. Ich nehme an, es ist wirklich so."
„Zweifelst du etwa daran? Du wirst es bald selbst erfahren."
„Gut, Papa. Aber du wolltest mir noch sagen, was mit dir los ist."
„Auch das ist recht einfach. Ich lebe im Jenseits weiter, natürlich ohne Körper. Denn der ist ja tot."
„Fehlt dir denn dann etwas – so ganz ohne Körper?"
„Nein. Mir fehlt gar nichts. Denn die körperliche Lebensart gibt es im Jenseits nicht mehr. Die braucht auch niemand."
„Wie geht es dir denn so?"
„Mir geht es eigentlich ganz gut. Nur gehöre ich noch nicht ganz zur Glücksgemeinschaft mit dem höchsten Wesen."
„Was bedeutet das denn nun schon wieder?"
„In der Glücksgemeinschaft sind neben geistigen Wesen

auch rein geistige Menschen, die im irdischen Leben so gelebt haben, wie das höchste Wesen – oft sagt man auch Gott – es wünscht."
"Und was ist das?"
"Vor allem für andere Menschen da sein, Gutes und Liebevolles tun."
"Und hast du das denn auch immer getan?"
"Nein, nicht immer. Deshalb kann ich mich noch so verbessern, dass ich in die Glücksgemeinschaft eingehen und dort das gemeinsame Leben auch aushalten kann."
"Und wie ist das Leben in dieser Gemeinschaft?"
"Das ist das höchste und umfassendste Glück, das man sich im irdischen Leben nicht vorstellen kann. Doch dazu ist als Voraussetzung am wichtigsten: liebevoll zum höchsten Wesen zu sein und liebevoll zu jedem andern."
"Und was musst du noch tun?"
"Ich habe meine Aufgabe, bestimmte Menschen im irdischen Leben ganz besonders zu beschützen und vor Unheil und Schlimmem zu bewahren."
"Was ist denn, wenn diese Menschen sich nicht beschützen lassen wollen."
"Ich tu alles, damit sie sich beschützen lassen, auch durch meine Mitteilungen in deren innerer Stimme. Wenn aber jemand nicht will, bin ich machtlos. Aber ich wirke, auch bei dir."
"Auch bei mir?"
"Du kannst es brauchen. Denk daran: Mach deine Arbeit ordentlich und sei menschlich und gut zu jedem anderen Menschen."
"Wirst du mir denn auch sagen, was ich tun soll, ich meine durch meine innere Stimme?"
"Ja, das werde ich versuchen. Nur du musst auch auf deine innere Stimme achten."

Noch wollte ich meinen Vater fragen, wie diese innere Stimme denn wohl „funktioniere". Doch da war er schon weg. Der halbdunkle Lichtschimmer nahm zugleich ab, und ich glitt gleichsam wieder ins schon bekannte lautlose Dunkel, das irgendwann von völliger Bewusstlosigkeit abgelöst wurde.
Schließlich erwachte ich aus dieser Bewusstlosigkeit, die man wegen eines verbesserten Heilungsprozesses künstlich noch verlängert hatte.
*Was mir bezüglich meines Gefährdungszustandes von meinem Vater gesagt worden war, bestätigten die Ärzte ausnahmslos. Dies bestärkte mich in ganz besonderer Weise darin, auf die Äußerungen meines Vaters einzugehen und vor allem bei meiner Lebensweise und vor wichtigen Entscheidungen auf meine **innere Stimme** und damit auf die Mitteilungen meines Vaters zu achten und sie zu beachten.*

Der Vater des Verunglückten hatte im Dialog mit seinem Sohn bereits darauf hingewiesen, dass dieses Gespräch **kein Traum**, sondern eine tatsächliche Unterhaltung sei. So gestaltete sich auch dieses Zwiegespräch. Aber selbst wenn man dies bei kritischster Beurteilung in Frage stellt, ergibt sich die eindeutige Feststellung, dass in diesem Nahtoderlebnis und Zwiegespräch vom Vater Hinweise gegeben werden, die sich zum Teil auf die Zukunft des Sohnes beziehen und die zu diesem Zeitpunkt noch gar nicht bekannt sein konnten. Da im Traum grundsätzlich nur die im Gedächtnis eingespeicherten Kenntnisse erfahrungsgemäß wiedergegeben werden, hier aber von künftigen Ereignissen die Rede ist, die dann später auch tatsächlich geschehen bzw. bestätigt werden, **scheidet ein Traum** als Hintergrund dieses Nahtoderlebnisses aus. Ebenso kann – mit ähnlicher Begründung – auch nicht von einer **eventuellen Halluzination** ausgegangen werden. Bei der Einschätzung dieses verunglückten Lehrers und des gesamten Geschehnisablaufs kann auch von einer **geistigen Störung** mit Sicherheit keine Rede sein.

Dann aber kann es sich nur um ein ***Nahtoderlebnis*** handeln. Folglich lassen sich aus ihm eindeutige Feststellungen ableiten, die mit rein irdischen Maßstäben nicht zu erklären sind: Gerade weil der Sohn ganz eindeutig davon ausgeht, dass sein Vater *ohne irgendeine Teil- oder Totalfortsetzung des Lebens **insgesamt eben tot sei,*** ist es für den Sohn eine kaum denkbare Erkenntnis, dass sein Vater **nur dem Körper nach tot ist, dass sein Geist aber sehr wohl – auch völlig unabhängig vom Körper – fortbesteht und weiterlebt.** Er spricht mit seinem Vater über Vorgänge und Verhaltensweisen in dessen Leben, die (neben dem Sohn) nur der Vater wissen kann und worüber dieser auch redet. Auch davon lässt sich ableiten, dass der Vater weiterlebt. Weiterhin sagt ihm sein Vater, dass der **irdische Tod** nichts weiter ist als nur die **Trennung des Geistes vom Körper.** Schließlich geht der Vater noch einen Schritt weiter, indem er die Wirkweise des Geistes anhand einer leicht verständlichen Ableitung vom *Denken* zumindest ansatzweise erklärt. Dabei versteht *und gesteht* der Sohn, dass das Denken auch ohne den Körper als „*Erfüllungsgehilfen*" gelingt. Und das ist wiederum ein weiterer Beweis für die **Unabhängigkeit des Geistes vom Körper.**

Auf das Leben **in der jenseitigen Welt** geht der Vater ebenfalls ein, indem er auf die Frage des Sohnes klar und deutlich sagt, dass es ihm nicht das Geringste ausmacht, nach dem irdischen Tod keinen Körper mehr zu haben. Im Jenseits brauche man den Körper nicht mehr, denn auch *die körperliche Lebensart* brauche man ja nicht mehr.

Harry S.' Vater sprach auch von der **Glücksgemeinschaft mit dem höchsten Wesen**, in der alle geistigen Menschen – nach ihrem irdischen Leben – und rein geistige Wesen – ohne irdisches Dasein zuvor – in überaus vollendetem Glück zusammen mit diesem höchsten Wesen lebten. Dazu sei es am wichtigsten, *liebevoll* zum höchsten Wesen zu sein und zu jedem andern. Zum **höchsten Wesen** könne man nach irdischen Vorstellungen auch *Gott* sagen.

Ohne dieses *liebevolle Miteinander* oder auch die *von Liebe geleitete Gegenseitigkeit* könne er – der Vater – es auch nicht in dieser Glücksgemeinschaft aushalten.

Aus dieser Aussage lässt sich ableiten, welche Grundsätze wohl zweifellos für das Leben in dieser Glücksgemeinschaft bestehen, und dass es niemand ohne die Erfüllung dieser Grundsätze in dieser Gemeinschaft aushält. Wer also diese Voraussetzungen nicht erfüllt, schließt sich folglich durch sich selbst aus.

Nach irdischen Vorstellungen würden wir wohl von einer Art *Kontrollinstanz* ausgehen, die den Zugang in diese Glücksgemeinschaft überwacht und sichert. Im Jenseits dürfte das wohl auf die Wesensart des jeweiligen geistigen Menschen oder Geistwesens hin ausgerichtet sein. Wer im Jenseits also nicht von *echter gegenseitiger Liebe* – ohne Schein und Heuchelei – durchdrungen ist, kann in dieser **Glücksgemeinschaft** nicht existieren, d. h. er hält es dort auch überhaupt nicht aus.

Und gerade bei dieser alles entscheidenden Einschätzung weist der Vater von Harry S. auf einen bisher noch nicht erwähnten völlig neuen Gesichtspunkt hin:

Ein geistiger Mensch gehört im Jenseits (möglicherweise) noch nicht vollständig zu dieser **Glücksgemeinschaft,** weil er offenbar den Voraussetzungen zur Teilhabe an dieser

Gemeinschaft *aus seiner Wesensart heraus* noch nicht entspricht, d. h. niemand hält und weist ihn ab. Vielmehr **hält er es selbst in dieser Gemeinschaft** offenbar *(noch) nicht aus.* Zugleich hat er die Möglichkeit, sich im Aufbau dieser Liebe zu anderen – menschlichen – Wesen weiterzuentwickeln und zu *vervollkommnen.* Nach irdischen Maßstäben würde man das als eine Art *Bewährung* bezeichnen. Nur irdische Bewährung wird einem von außen auferlegt, die man dieser äußeren Instanz gegenüber auch mehr oder weniger widerwillig erbringt. Im Jenseits geht es dabei aber offensichtlich um einen bereitwilligen Einsatz zur Vervollkommnung der eigenen **Liebe dem höchsten Wesen (Gott) und andern, d. h. Menschen, geistigen Menschen oder geistigen Wesen, gegenüber.** Erst dann ist ein geistiger Mensch in der Lage, dem gemeinsamen Leben in dieser Glücksgemeinschaft zu entsprechen und es dort auch auszuhalten.
Der Hinweis von Harry S.' Vater auf seinen Einsatz zum Schutz von bestimmten Menschen deutet – wie auch schon in früheren Mitteilungen aus dem Jenseits erfolgt – auf **die Verbindung zwischen Jenseits und Diesseits** hin. Auch in dieser Begegnung an der Grenze zum Jenseits zeigt sich, dass der längst schon verstorbene Vater sehr wohl über die waghalsigen Kunststücke seines Sohnes Bescheid wusste, ohne dass es ihm zuvor gesagt worden wäre. Auch hier offenbart sich wieder das Interesse von geistigen Menschen im Jenseits an Menschen – namentlich ihnen nahestehenden – im Diesseits, wie es auch bereits aus früheren Dialogen mit Angehörigen aus dem Jenseits hervorgegangen ist.
In enger Beziehung zu dieser Verbindung zwischen Jenseits und Diesseits steht auch die Besonderheit der **inneren Stimme.** Der Vater des Verunglückten sprach sie von sich aus an. Danach ist sie die Mitteilung aus dem Jenseits zum Schutz

des entsprechend angesprochenen Menschen im Diesseits. Da geistige Menschen im Jenseits – gemäß schon erfolgter Darstellungen – auch um zukünftige Geschehnisse im Diesseits wissen, ist es für die betreffenden Menschen von unschätzbarem Wert, über ihren künftigen Lebensablauf genaue Informationen zu erhalten. Noch dazu können sie diese gleichsam aus sicherster „Quelle" bekommen, und zudem wahrheitsgemäß. Das Problem ist nur, dass sie diese Mitteilungen *„auch an sich herankommen"* lassen. Der auch schon von Harry S.' Vater angesprochene „Verbindungskanal" ist eben **die innere Stimme**. Um sie wahrzunehmen, muss man auf sie achten und sie zuvor auch beachten *wollen*. Allerdings wird unsere geistig-seelische Aufnahmebereitschaft von vielen irdisch-umweltbedingten Einflüssen zugedeckt. Es ist daher zumindest zeitweise erforderlich, sich von möglichst vielen Umweltbeeinflussungen *auszublenden*, sofern dies möglich ist. Nach dieser mentalen Abkopplung sollte man auch – zumindest zeitweise – gleichsam *in sich „hineinhorchen"*. Das erfordert ein gewisses Bemühen und Selbsttraining. Doch sollte man dabei auch bedenken: *Wer auch immer mir aus dem Jenseits etwas mitteilen möchte, der bemüht sich mit Sicherheit ebenso um das „Zustandekommen" dieser Verbindung zwischen dem Jenseits und dem Diesseits wie ich mich auch selbst!*

Bewusstlosigkeit durch gefährliche Dämpfe

Zu ihren vielen Aufgaben im vornehmen Haus des Bankmanagers gehörte für Berta W. natürlich auch, vor allem die vielen großen und weitläufigen Sanitärräume blitzblank und hygienisch sauber zu halten, als befände man sich in einem Operationssaal. Dabei war sie ständig von dem Ehrgeiz getrieben, nur ja alle Räume in einem übertrieben sauberen Zustand zu halten. Die Besonderheit der Bauweise des unter Denkmalschutz stehenden Hauses brachte es aber mit sich, dass sich vor allem in den Nasszellen dieser Villa immer wieder hartnäckige Schimmelpilzbildung zeigte. Und diese ständig zu entfernen und auf einem kaum sichtbaren Minimalstand zu halten, war Berta W.s persönlicher Ehrgeiz.
Natürlich verwendete sie die besten Reinigungs- und Hygienemittel, auch wenn diese schädliche und gefährliche Gase und Dämpfe absonderten. Ihre „Herrschaft" sorgte natürlich auch dafür, dass der Umgang mit diesen problematischen Putzmitteln ohne gefährliche Folgen bleiben solle. Deshalb wurde auch für ausreichenden Mund- und Atemschutz gesorgt. Nur Berta W. vergaß in ihrem Supereifer immer wieder, den Atemschutz anzulegen, wenn sie die Sanitärräume von Schimmelpilz reinigte.
Zunächst hielt ihre robuste Gesundheit die Belastung mit diesen von den Spezialreinigungsmitteln ausströmenden Dämpfen und Gasen aus. Doch irgendwann rächte sich die Missachtung des Atemschutzes: Zunächst fühlte Berta W. sich beim intensiven Putzen der Sanitärräume und dem Einsatz der Schimmelpilzreinigungsmittel zeitweise wie „benebelt".

Doch ging sie dann wieder ans offene Fenster, atmete tief durch und fühlte sich wieder besser.
Da sich diese Vorgänge aber beständig wiederholten, verlor Berta W. mehr und mehr die Kontrolle über die Gefährdungszustände und vor allem die gefühlsmäßige Einschätzung der tatsächlichen Gefahr, die von den Gasen der intensiven Reinigungsmittel ausgingen, d. h. sie *gewöhnte sich gleichsam an die gefährlichen Dämpfe*, ohne dass diese aber an Gefährlichkeit verloren hatten.
Und so kam es an einem Nachmittag dazu, dass die übermäßig eingesetzten und chemisch besonders starken Reinigungsmittel gegen Schimmelpilz Berta W. derart zusetzten, dass sie neben einer enorm großen Badewanne voll zu Boden sank und mühsam nach Luft rang, ohne sich helfen zu können.
Dass sie überlebte, verdankte sie nur dem jüngsten, gerade mal knapp zehnjährigen Sohn des „Hauses", der öfter mit mehr oder weniger schmutzigen Schuhen das Haus „durchstiefelte" und überall auf vermeintliche „Abenteuer" aus war. Als er Berta W. am Boden liegen sah, hielt er das zunächst für einen guten abenteuerlichen Einfall. Doch als sie schließlich nicht reagierte und er „so einen komischen Geruch" wahrnahm, informierte er seine Mutter, die sich auf eine abendliche Feier vorbereitete. Schließlich rief sie über den Notruf den Rettungswagen mit einem Notarzt, sodass Berta W. nach einiger Verzögerung, aber immerhin noch im letzten Moment ins Krankenhaus gebracht und dort vor dem Schlimmsten bewahrt wurde.
Über die Minuten vor dem Kollaps und die gesamte Zeit während ihrer Bewusstlosigkeit und danach ergibt sich von Berta W. folgende Mitteilung:

Meine Augen waren irgendwie nur auf die dünnen Pünktchen von Schimmelpilz fixiert oder von dem gebannt, was ich dafür hielt. Es sollte nun mal nirgendwo Schimmel auftauchen. Ich hatte irgendwie eine Art panische Angst davor, an irgendeiner Stelle in den Bädern oder in sonstigen Feuchträumen könnten sich diese schwarzen Pünktchen zeigen, die auf Schimmelpilz schließen lassen könnten. Zwar hatte meine Chefin mir immer wieder gesagt, beim Umgang mit den scharfen Reinigungsmitteln müsse ich unbedingt einen Mund- und Atemschutz tragen. Aber das war mir immer zu umständlich. Daher hatte ich den Atemschutz zwar für alle Fälle in der Nähe liegen. Aber in der Eile zog ich ihn fast nie an. Warum auch? Bisher war doch immer alles gut gegangen.
So war es auch an diesem bewussten Tag. Wieder benutzte ich die unglaublich riechenden Reiniger und wischte mit ihnen jede auch nur echte oder denkbare Schimmelstelle aus, bis ich die Ecken und Rillen irgendwie doppelt und wie in einer Art Nebel sah. Als ich merkte, dass es wohl anfing, gefährlich zu werden, war es zu spät: Ich kam einfach nicht mehr nach oben. Ich sackte nach vorn und fiel vollständig auf den Boden. Zwar wollte ich noch wegkriechen, doch das gelang nicht mehr. Ich lag einfach da und blieb liegen.
Der Nebel wurde immer undurchdringlicher. Schließlich wurde es ganz schwarz um mich, und ich dämmerte wohl so vor mich hin. Irgendwann hatte ich den Eindruck, als befinde ich mich in einem undurchdringlichen Dunkel und einer absoluten Stille, aber irgendwie ohne zu schlafen. Gern hätte ich geschlafen, aber es ging nicht. Vor allem die Stille mochte ich nicht. Eine solche Totenstille hatte ich noch nie erlebt. Es war schaurig. Wie lange sie – und natürlich auch die Finsternis – dauerte, weiß ich nicht. Aber

Bewusstlosigkeit durch gefährliche Dämpfe 65

irgendwann hörte ich eine mir von Kindheit an bekannte Stimme, aber ohne jemand zu sehen. Die Stimme klang nach meiner Schwester, die wesentlich älter als ich gewesen war und nicht mehr lebte. Sie war sehr lange krank gewesen, hatte ihr Leiden tapfer ertragen und war vor etlichen Jahren gestorben. Meine Eltern hatten bei ihrem Tod von einer echten Erlösung gesprochen. Diese Stimme erkannte ich ganz klar und deutlich wieder. Den ursprünglich leidenden und schmerzvollen Beiklang hatte ihre Stimme aber nicht mehr.
„Berta, erkennst du mich wieder?"
„Ja, natürlich, Resi, bist du es?" Theresia hatte sie geheißen. Wir aber hatten sie abgekürzt „Resi" genannt.
„Ich dachte, du wärst längst tot. Du bist doch immer so schwer krank gewesen. Wie kommt es, dass du jetzt mit mir redest? Oder träume ich das nur?"
„Nein, Berta, das träumst du nicht. Das ist alles richtig. Ich bin nur körperlich gestorben. Mein Geist aber lebt weiter."
„Was bedeutet das denn?"
„Mein Körper ist tot. Deshalb leide ich auch an keiner Krankheit mehr. Denn nur der Körper war krank. Mein Geist aber lebt weiter. Er ist auch nicht krank."
„Wie geht es dir denn?"
„Mir geht es sehr gut. Ich lebe in der Glücksgemeinschaft."
„Ist das denn irgendein fremder Stern oder ein besonderes Land?"
„Nein, kein Stern und auch kein Land. Das ist das Jenseits und damit das Leben nach dem irdischen Dasein. Im Jenseits gibt es keinen Raum und keinen Ort. Ein Geist braucht keinen Platz zum Leben."
Indem meine Schwester mir das sagte, wurde es hell, und erst jetzt konnte ich sie richtig sehen. Sie sah nicht mehr

krank und leidend aus. Vielmehr erkannte ich ihren Körper wieder, durch den eine Art bläulich-orangefarbenes Licht schimmerte. Ich konnte sie klar und deutlich sprechen hören. Allerdings bewegte sie dabei ihre Lippen nicht.
Ich fragte sie weiter:
„Und was ist das für eine Gemeinschaft oder wie du gesagt hast?"
„Das ist die Glücksgemeinschaft. Das ist das Leben aller geistigen Menschen und Wesen, die beim höchsten Wesen sind. Sie – also wir – kennen keine Krankheit mehr, kein Leid, keinen Schmerz und auch keine Traurigkeit. Wir sind unsagbar glücklich."
„Kann denn jeder in diese Glücksgemeinschaft hineinkommen?"
„Das hängt von jedem Einzelnen ab, ob er in seinem Leben auch zu seinen Mitmenschen liebevoll gewesen ist und auch das höchste Wesen geehrt und geachtet hat."
„Was ist das denn: das höchste Wesen?"
„Die meisten Menschen sagen zum höchsten Wesen auch **Gott**."
„Ach so. – Aber wie soll ich denn Gott ehren und achten?"
„Indem du tust, was das höchste Wesen für gut hält."
„Und was ist das?"
„Gutes zu tun und Böses nicht zu tun."
„Kannst du mir das erklären?"
„Ja. Wenn du zum Beispiel andere Menschen achtest und ihnen hilfst, wenn sie deine Hilfe brauchen. Und wenn du andern keinen Schaden antust und nicht schlecht über sie redest."
„Darf ich mich denn wehren, wenn man mir Schlimmes antut."
„Natürlich darfst du dich wehren, wenn man dich schlecht

und übel behandelt. Aber auch dann musst du den andern immer noch als Menschen behandeln."
„Aber dann will Gott, also das höchste Wesen, doch nur das Gute."
„Richtig! Und wenn du das tust, dann bist du zu deinen Mitmenschen auch sowieso schon liebevoll. Und dann zeigst du auch dem höchsten Wesen, dass du es ehrst und liebst."
„Ja, das ist doch auch richtig so. Das habe ich bisher noch nicht gewusst."
„Ich bin froh, dass ich dir das alles so erklären konnte."
„Ja, Resi, dann weiß ich ja Bescheid. Kann ich denn dann nicht auch hierbleiben? Am liebsten würde ich hierbleiben – bei dir und in dieser Gemeinschaft."
„Das ist nicht möglich. Du hast nämlich noch viele Aufgaben in deinem Leben. Du bekommst die Möglichkeit, zunächst eine Ausbildung zur Hauswirtschafterin zu machen und danach noch eine weitere erfolgreich anzuschließen. Damit kannst du dann auch selbst junge Leute ausbilden. Du wirst bald einen guten Mann kennen lernen, heiraten und mit ihm drei gesunde Kinder haben. Deshalb kannst du noch nicht zu uns kommen."
„Und das weißt du alles?"
„Ja, natürlich. Denn für uns gibt es keine zeitlichen Grenzen, weil es die Zeit für uns nicht mehr gibt."
„Und deshalb weißt du auch, was demnächst alles passiert?"
„Ja, das weiß ich. Ich weiß aber auch, dass ich dir noch etwas sagen sollte: Denn zunächst musst du dem jüngsten Sohn der Familie danken, denn der hat dich gerettet. Das sage ich dir, weil du oft über seine Schuhe ärgerlich warst. Und dann darfst du mit diesen Putzmitteln ohne Atemschutz nicht mehr arbeiten. Denn das ist lebensgefährlich."

„Weißt du denn auch, ob ich bald wieder gesund werde?"
„Du wirst sogar sehr schnell wieder gesund werden. Aber dann tu auch alles, um gesund zu bleiben."
Mit diesen Worten nahm das Licht ganz langsam ab, und ich konnte meine Schwester auch nicht mehr hören.
Aus der nun einsetzenden Dunkelheit erwachte ich im Überwachungs-Krankenzimmer. Auf meine Fragen wurde mir mitgeteilt, dass der erwähnte Junge mich gefunden und dann seine Mutter verständigt hatte, die den Rettungswagen mit dem Notarzt herbeitelefonierte. So wurde ich gleichsam im letzten Moment ins Krankenhaus gebracht.
Ich wurde tatsächlich sehr schnell wieder gesund und achtete zukünftig exakt darauf, mich vor den gefährlichen Dämpfen und Gasen in Acht zu nehmen.

Wie weiterhin von Berta W. zu erfahren war, bot sich ihr bald darauf die Gelegenheit, eine Ausbildung zur Hauswirtschafterin zu beginnen und abzuschließen. Eine weitere erfolgreiche Ausbildung schloss sich an, sodass sie nun auch selbst Hauswirtschafterinnen ausbilden konnte und kann. – Die Frage, ob sie inzwischen auch *einen guten Mann* gefunden habe, bejahte sie ebenfalls.
Damit wurde der Großteil der von ihrer verstorbenen Schwester vorhergesagten Einzelereignisse ihres Lebens bereits erfüllt. Mit Sicherheit ist nicht anzunehmen, dass der weitere Teil ihres vorweg angekündigten Lebenslaufs unerfüllt bleibt. Dies dürfte sich schon aus den *rein empirischen Regeln der mit an Sicherheit grenzenden Wahrscheinlichkeit* ergeben, wonach sich auch dann eine Restvorhersage aus einem Gesamtvorhersageblock erfüllen dürfte, wenn sich der größte Teil dieser Vorhersage bereits realisiert hat.
Natürlich reichen die Mitteilungen gerade dieses Nahtoderleb-

nisses mit den Folgeabläufen etwas weiter zurück, wie unschwer nachvollzogen werden kann. Aber gerade daraus ergibt sich, dass die vorhergesagten Geschehnisse dann auch tatsächlich eingetreten sind. Um exakt festzustellen, ob sich Vorhersagen mit *Langzeitcharakter* auch wirklich erfüllen, ist es natürlich unbedingt erforderlich, den Lebenslauf der betreffenden Person während einer längeren Ablaufphase zu beobachten. Denn nur dann lässt sich die Echtheit der Vorhersage erkennen. Und genau die Richtigkeit des größten Teils dieser Vorhersage ließ sich bei diesem Nahtoderlebnis feststellen.

Gerade die angesprochene und festgestellte Vorhersage beim Nahtoderlebnis lässt schon jegliche Annahme **eines Traums** und in weiterem Sinne auch **einer Halluzination** ausscheiden. Denn Traum und Halluzination fußen – zumindest großenteils – auf den Gedächtnisinhalten, die zum Traum- bzw. Halluzinationszeitpunkt im Gehirn eingespeichert sind. Da bei diesem Nahtoderlebnis jedoch sehr viele Zukunftsereignisse vorhergesagt wurden, die sich zum größten Teil auch bereits erfüllten, scheiden Traum und Halluzination als Hintergrund dieses Nahtoderlebnisses aus.

Bei der Gesamteinschätzung dieser Nahtodpatientin – vor allem auch unter Berücksichtigung ihres späteren Lebenslaufs – kann zudem von irgendeiner geistigen Beeinträchtigung keineswegs ausgegangen werden.

Die genaue Schilderung dieses Nahtoderlebnisses mit allen Einzelheiten und vor allem mit der Vorhersage aller späteren – und tatsächlich eingetretenen – Geschehnisse lässt eindeutig darauf schließen, dass mit rein naturwissenschaftlichen Auslegungen dieses Phänomen nicht erklärt werden kann und dass rein diesseitige Erklärungsversuche nicht weiterhelfen.

Vielmehr empfiehlt es sich, den Dialog mit der Gesprächspartnerin aus dem Jenseits – der längst verstorbenen Schwes-

ter der Nahtodpatientin – und vor allem deren Mitteilungen auf ihre Aussageinhalte hin zu analysieren:
Da wird Berta W. über den Tatbestand *lediglich des Körpertodes* ihrer Schwester informiert. Denn sie nahm ja an, mit dem irdischen Tod ihrer Schwester Resi sei diese endgültig tot und würde somit nicht mehr weiterexistieren. Ihre verstorbene Schwester aber erklärt ihr, dass nur der Körper tot ist, dass ihr Geist aber weiterlebt.
Auch in diesem Nahtoderlebnis wird wieder bestätigt, dass sich **beim irdischen Tod** der menschliche Geist vom Körper trennt und fortbesteht. Außerdem ist gerade auch bei diesem Zwiegespräch die Mitteilung der Verstorbenen von großer Bedeutung, dass das irdische Leiden und die Krankheit mit dem Körper enden und im Jenseits nicht fortdauern.
Die durch lebensgefährliche Gase in tiefe Bewusstlosigkeit geratene Haushaltsgehilfin unterhielt sich regelrecht in einem längeren Zwiegespräch mit ihrer seit Jahren schon verstorbenen und jahrelang schwer erkrankten und leidenden älteren Schwester über höchst unterschiedliche und detaillierte Zustände und Begebenheiten im Leben beider Schwestern, die den Rahmen eines Traums oder irgendeiner Trugbildvorstellung total überstiegen. Dabei erklärte die ältere – und verstorbene – Schwester liebevoll und geduldig ihrer jüngeren Schwester Leben und Existenz im Jenseits und deren eigene nähere wie auch fernere Zukunft. Hieraus geht eindeutig hervor, dass zwischen **Jenseits und Diesseits** auch nicht die geringsten Verständigungsschwierigkeiten bestehen und dass außerdem **eine Verbindung zwischen Diesseits und Jenseits** besteht. Das ergibt sich bereits aus der Mitteilung der verstorbenen Schwester, wonach der jüngste Sohn der Cheffamilie die Haushaltshilfe vor dem sicheren Tod bewahrte. Berta W. konnte das auf Grund ihrer Bewusstlosigkeit nicht

mehr wahrnehmen und folglich auch nicht wissen. Außerdem wusste die ältere Schwester aus dem Jenseits heraus auch um den leichtfertigen Umgang ihrer jüngeren Schwester mit dem Atemschutz und forderte sie eindringlich dazu auf, künftig auf ihre Gesundheit zu achten.

Auch bei diesem Nahtoderlebnis wird geradezu eine Fülle von **Vorhersagen und Prophezeiungen** eröffnet, die alle den weiteren Werdegang und Lebenslauf der Nahtodpatientin betreffen:

Dabei ging es zunächst um Berta W.s unverzügliche Heilung von den lebensgefährlichen Folgen der Vergiftung durch die Gase der Reinigungsmittel. Dann ergab sich die avisierte Chance ihrer Ausbildung zur Hauswirtschafterin, die sie wahrnahm und zu einem erfolgreichen Abschluss brachte. Schließlich wurde von ihrer verstorbenen Schwester auch auf die nächste Ausbildungsmöglichkeit hingewiesen, die ebenfalls zum Erfolg führte, sodass Berta W. schließlich auch künftige Hauswirtschafterinnen ausbilden konnte. Schließlich hatte die jenseitige Gesprächspartnerin den Tatbestand angesprochen, sie werde auch einen *guten Mann* finden, mit dem sie eine Familie gründen könne.

Exakt aufgegliedert hatten sich von den durch die verstorbene Schwester eröffneten Vorhersagepunkten tatsächlich **die meisten Einzelprophezeiungen** schon erfüllt. Lediglich die weiteren – auf den Familiennachwuchs (drei Kinder) bezogenen – Weissagungen hatten sich naturgemäß bis zu dem hier angesprochenen Aussagezeitpunkt noch nicht erfüllen können.

Auch durch die Mitteilungen aus diesem Nahtoderlebnis wird ebenso wie in früheren vergleichbaren Geschehnissen nachgewiesen, dass *geistige Menschen* – also Menschen nach ihrem irdischen Tod – von jeglicher zeitlichen Begrenzung völlig unabhängig sind und damit auch irdische Zukunftsereignisse vorweg erkennen können. Wenn sie aus dem Jenseits darüber informieren, geschieht dies durchweg zum Schutz der betreffenden Menschen. Und ob dieser *jenseitig-diesseitige „Informationsfluss"* auch gelingt, hängt offenbar davon ab, ob diese betreffenden Menschen sich auch – etwa durch *Vorahnungen oder ihre innere Stimme* – ansprechen lassen.

Dieses Nahtoderlebnis und die aus dem Dialog an der Grenze zum Jenseits hervorgehenden Mitteilungen ermöglichen auch einen Hinweis auf **das Leben in der jenseitigen Welt**:

Danach befinden sich die *geistigen Menschen* nach dem irdischen Tod und die *Geistwesen* ohne vorheriges Leben auf der Erde in der **Glücksgemeinschaft**. Die Voraussetzung hierzu war (und ist) das liebevolle Zusammenleben mit anderen Menschen, verbunden mit gegenseitiger Rücksichtnahme, Hilfsbereitschaft und Achtung. Die ältere Schwester gibt hierzu praktische Beispiele:

andern zu helfen, wenn sie Hilfe brauchen, und ihnen keinen Schaden zuzufügen, sie zu achten und nichts Schlimmes über sie zu reden.

Das höchste Wesen – **Gott** – zu achten und zu ehren, ist eine weitere Voraussetzung, in die Glücksgemeinschaft gelangen zu können. Das vollzieht sich vor allem darin, zu beachten und zu tun, was **Gott für gut hält**. Diese Umschreibung ist die einfache und einprägsame Beachtung der *Anleitung und Richtschnur Gottes*. Ebenso leicht verständlich ist der daraus hervorgehende Hinweis: ***das Gute zu tun!***

Wer sich daran orientiert, zeigt dann auch in Wirklichkeit, dass er das höchste Wesen nicht nur achtet und ehrt, sondern tatsächlich auch liebt.

Und diese ***jenseitige Liebe*** ist somit die entscheidende Grundlage für die Zugehörigkeit zur **immerwährenden Glücksgemeinschaft**. Diese liebevolle Einstellung setzt aber nicht erst im Jenseits ein, sondern muss bereits aus dem diesseitigen Leben hervorgehen.

Obdachloser mit Lungenentzündung

Mit dem Husten hatte ich schon Anfang Oktober angefangen. Früher wäre das nicht der Rede wert gewesen. Doch inzwischen war ich fast siebzig Jahre alt. Und aus dem ständigen Husten konnte schnell was Schlimmeres entstehen. Natürlich husteten auch meine anderen Kumpel sehr stark. Aber sie waren noch jünger als ich. Brückenkumpel nannten wir uns, weil wir unter den Donaubrücken hausten. Wenn wir hin und wieder einen ordentlichen Schluck nehmen konnten, machte uns der Husten nicht so viel aus. Und besonders ich merkte allmählich, dass mir die Lunge wehtat, wenn ich loslegte. Außerdem litt ich auch unter zunehmender Atemnot. Meine Kumpel sagten, ich müsste zu einem Arzt gehen und mir was verschreiben lassen. Aber sie hatten gut reden.
Ja früher, da wäre das kein Problem gewesen. Da war ich bei einer Bank beschäftigt: Max M. Das war ich, der es immerhin bis zum Zweitchef einer großen Filiale gebracht hatte. Der Filialleiter war schon älter gewesen und hatte es gar nicht gern gesehen, dass ich oft an Fort- und Weiterbildungskursen teilnahm und viele neue Ideen vorbrachte. Um mich wohl „unschädlich" zu machen, musste ich mich mit dem gefährlichen Anlagen- und Fondsgeschäft befassen und risikofreudige Anleger zu höchst riskanten Geschäften ermuntern.
Als es dann irgendwann anfing, dass die Anleger auch Rendite, also Gewinn, sehen wollten, kriselten die Kurse. Die Stimmung der Anleger entwickelte sich ebenso wie die Kurse nach unten. Und ihre vielen und wütenden Fragen nahmen beständig zu. Aber die Manager aus der Zentrale verwiesen

sie an unsere Filiale, und der Filialleiter reichte den „schwarzen Peter" mit einem höhnischen Grinsen an mich weiter.
Sicher hatten andere Zweigstellen ähnliche Probleme. Aber bei uns hatte ein Anleger mit einem enorm hohen Einsatz Geld angelegt. Und jetzt machte er – vor allem in der Zeitung und im Fernsehen – einen Riesenklamauk, er sei falsch und schludrig beraten worden. Und natürlich blieb das alles an dem hängen, der das letzte Glied in dieser Kette gewesen war, also an mir. Selbstverständlich wehrte ich mich, so gut es ging. Aber mir erging es dann so wie den meisten „Zugochsen" im Stillen: Die da oben schöpfen die Sahne ab, und für die Dummen im Dunkeln bleibt nur die saure Milch. Unter normalen Umständen hätte mir das kaum etwas ausgemacht. Doch auch familiär hatte es mich furchtbar getroffen: Ich hatte sehr spät geheiratet. Zunächst schien unser Leben glücklich zu verlaufen. Mit einer wunderbaren Frau hatte ich eine glückliche Familie mit einem Sonnenschein von Söhnchen. Auch ein preiswertes und günstig abzahlbares Haus hatte ich erwerben können.
Doch da verlor ich durch einen schrecklichen Verkehrsunfall auf einen Schlag meine gesamte kleine Familie. Ursache und Unfallhergang blieben im Dunkeln. Alles schlug wie eine riesige Tsunami-Katastrophe über mir zusammen:

– der schreckliche Unfall, der mir schlagartig meine gesamte Familie nahm,

– der völlig ungeklärte Unfallhergang,

– die unglaublichen und verleumderischen Vorwürfe in der Bank, die in der Zeitung und im Fernsehen hohe Wellen schlugen.

Das war zu viel für mich. Dabei machte ich den Fehler, dass ich versuchte, diese Katastrophe mit Alkohol und schließlich mit Drogen zu meistern. Stattdessen versank ich immer mehr im Chaos. Schließlich mobbte man mich mit ganz schrägen Methoden aus der Bank. In einer guten Familie hätte ich den nötigen Rückhalt gehabt. Doch diese Familie gab es nicht mehr. Und zu allem Überfluss traktierte mich die Finanzierungskasse auch noch mit den Geldzahlungen für das Eigenheim der Familie, die es seit dem schrecklichen Unfall nicht mehr gab.
So verlor ich immer mehr den Boden unter den Füßen:
Eine Familie gab es nicht mehr.
Eine Beschäftigung gab es dann auch nicht mehr.
Und ein Dach überm Kopf verlor ich anschließend auch noch, als man mir das Haus wegnahm.
So blieben mir nur noch Alkohol und Drogen als die vermeintlichen, aber miserablen Freunde, die mich immer weiter nach unten zogen, bis mein Zuhause unter den Donaubrücken war – zusammen mit meinen Brückenkumpeln.
Und da sollte ich zu einem Arzt kommen? Wer würde mich denn noch untersuchen und mir helfen?
So verkroch ich mich in eine Ecke unter meiner Dauerbrücke, stopfte meine Hosen und Jacken mit Zeitungen voll, nahm noch einige Schluck aus meiner Schnapsbulle, sodass ich meinen Kettenhusten nicht mehr so schlimm spürte, und rollte mich zum Schlafen zusammen. An richtigen Schlaf war bei dem ekelhaften Husten und der Atemnot natürlich kaum zu denken. Aber der Schnaps tat seine Wirkung, und schließlich muss ich eingeduselt sein.
Irgendwann fühlte ich, wie mehrfach meine Stirn betastet wurde. Aber das war mir auch egal. Die Hauptsache war, dass ich vor mich hinduseln konnte, so gut es der dauernde

Husten und die ständig erschütterte Lunge samt Atemnot zuließen.
Dann spürte ich, wie ich angefasst, ja regelrecht gepackt, hochgehoben und auf eine Art Tragbahre gelegt wurde. Nachdem man mich festgebunden hatte, wurde ich weggebracht. Ich versuchte, die Augen zu öffnen, konnte im Halbdunkel um mich herum aber kaum etwas erkennen. Schließlich sah ich in irgendeinem Rot-Kreuz-Wagen einige Leute, die an mir hantierten, mir ein Injektionsröhrchen in den Unterarm drückten und einen dünnen Schlauch daran befestigten, über dem an einem Haken eine Plastikflasche baumelte.
„Was machen Sie mit mir?", lallte ich, so gut ich es in meinem Zustand hervorbringen konnte, nur unterbrochen von meinem Dauerhusten.
„Wir bringen Sie ins Krankenhaus. Oder wollen Sie in dem Krankheitszustand sterben?"
„Sterben? Ist es denn so schlimm?"
„Es ist noch viel schlimmer, als Sie denken. Sie haben eine regelrechte akute Lungenentzündung. Und in Ihrem Alter geht so etwas leicht ganz schlimm aus."
„Wer hat Sie denn gerufen?"
„Offenbar war das einer Ihrer Kameraden. Ihm können Sie gar nicht dankbar genug sein."
Damit döste ich auch wieder ein und bekam überhaupt nichts mehr mit, was um mich herum geschah. Mein Schlaf muss wohl immer stärker geworden sein, sodass ich auch die Erschütterungen meines Hustens nicht mehr spürte.
Wie lange ich so zugebracht habe, lässt sich nicht mehr feststellen. Doch muss es recht lange gedauert haben.
Irgendwann hatte ich den Eindruck, als befände ich mich in tiefdunkler Nacht. Hustenanfälle und Hustenreiz spürte ich nicht mehr. Hatte man mich im Krankenhaus bereits kuriert?

Während ich darüber noch nachgrübelte, lichtete sich das Dunkel, als würde aus weiter Ferne ein dünnes Licht einen ziemlich dichten Nebel durchdringen. Das Licht nahm ganz allmählich zu, und in diesem langsam anwachsenden Licht erkannte ich eine Gestalt, die anscheinend auf mich zukam. Ich richtete meine ganze Aufmerksamkeit auf sie. Schließlich kam es mir so vor, als hätte diese Person – oder was es war – eine Ähnlichkeit mit meinem schon vor Jahren verstorbenen Vater. Die Ähnlichkeit nahm immer mehr zu. Und tatsächlich erkannte ich aus der Nähe dann meinen Vater. Wie wunderbar! Es war mein Vater, an dem ich immer so sehr gehangen hatte.
„Maxl, was machst du denn für Geschichten?"
„Papa, bist du das?"
„Ja, natürlich, wer denn sonst?"
„Du bist doch tot. Wieso sehe ich dich denn jetzt?"
„Tot ist nur mein Körper. Der Mensch besteht aber nicht nur aus seinem Körper, sondern auch aus seinem Geist. Der Mensch stirbt als körperlicher Mensch. Als geistiger Mensch lebt er aber weiter und stirbt nicht."
„Und du lebst jetzt als geistiger Mensch weiter. Ist das richtig so?"
„Ja, Maxl, das stimmt. Mein Leben im Jenseits ist schöner, als ich es mir im irdischen Leben jemals hätte ausdenken können."
„Wie wäre es denn dann bei meinem Tod?"
„Ebenso! Du würdest nur körperlich sterben, aber nicht geistig."
„Meinetwegen, Papa. Mein Leben ist armselig und jämmerlich. Kann ich denn nicht bei dir bleiben? Das wäre viel besser. Ich bin sowieso schon so schrecklich krank, dass nicht mehr viel fehlt bis zum Ende."

"Die Ärzte im Krankenhaus werden dich retten. Sie haben dich deshalb auch in einen Tiefschlaf versetzt und beatmen dich zum Teil künstlich. Das ist bei deinem Kettenhusten und der Atemnot am besten so."
"Aber damit tun sie mir doch keinen Gefallen."
"Doch, das tun sie wirklich. Du wirst weiterleben, noch lange. Du hast nämlich noch viel zu tun."
"Was denn? Ich habe kein Geld, kein Dach überm Kopf, meine Freunde sind nur meine Brückenkumpel. Die haben auch nichts. Niemand mag uns. Nützlich sind wir auch keinem. Bald fängt der Winter an. Und ich soll noch viel tun?"
"Ja, Maxl, du sollst noch sehr viel tun."
"Aber das wäre dann schon ein kleines Wunder, wenn ich noch was Brauchbares tun sollte und könnte."
"Und trotzdem! Du sollst und kannst es."
"Und wie soll das gehen?"
"Dir ist viel Unrecht geschehen. Daran warst du zum Teil aber auch selbst schuld. Bevor du aber wieder auf der Straße landest, Maxl, muss ein Fachmann für deine Rente sorgen. Und auch deine Bank muss dich entschädigen. Nimm dir einen Anwalt."
"Das ist lieb von dir, Papa, dass du mir das sagst. Aber dann bin ich immer noch ein alter und einsamer Mann."
"Nein, Maxl, du hast eine große Familie – deine Brückenkumpel. Du kannst dich für sie bei der Stadt einsetzen, dass sie in einem Haus leben können und nicht unter den Brücken."
"Das schaffe ich doch nie."
"Doch, das schaffst du!"
Gerade wollte ich meinen Vater noch fragen, ob mir das alles auch gelingen würde. Doch da war er verschwunden. Und mich umfing wieder dunkle Nacht. Wie lange sie insge-

samt dauerte, kann ich nach den Äußerungen des Pflegepersonals nur vermuten, wahrscheinlich viele Tage, bis ich schließlich auf der Überwachungsstation aufwachte.
Oh, was war das schön: Endlich wieder in einem warmen und sauberen Bett zu liegen – nur noch mit einem erträglichen Husten und auf dem besten Weg der Besserung.
Doch da dachte ich an meine Kumpel, die es draußen in der Kälte weiß Gott nicht so gut hatten. Und da fiel mir ein, was mir mein Vater alles gesagt hatte.
Es kostete mich, den Obdachlosen, einige Überzeugungskraft, eine Krankenschwester dazu zu bringen, mir eine Verbindung zu einem passenden Anwaltsbüro zu verschaffen. Doch dort wollte man meiner Bitte nicht recht nachkommen, mit mir Kontakt aufzunehmen. Aber nach hartnäckigem Bemühen kam dann doch ein Anwalt an mein Bett, dem ich meine Geschichte ab dem Mobbing in der Bank und mit meinem weiteren Lebensweg schilderte.
Zunächst merkte ich, dass er nur ein ganz geringes Interesse an meiner Darstellung hatte. Doch je weiter ich kam, umso größer wurden sein Erstaunen und seine Aufmerksamkeit. Er fragte besonders hartnäckig nach beweiskräftigen Fakten, die ich ihm genau beschrieb. Schließlich war er hellauf begeistert und zeigte für meine gesamte Lebenssituation tiefes Mitgefühl.
„Daraus mache ich eine große Sache, notfalls mit Hilfe der Presse, Herr M. Zunächst einmal besorge ich Ihnen eine Unterkunft, damit Sie später ein Dach über dem Kopf haben. Dann werde ich veranlassen, dass der Rentenantrag gestellt wird, natürlich mit Ihnen zusammen. Und den Rest überlassen Sie mir. Sie können mir vertrauen."
„Einverstanden. Wird das lange dauern? Ich denke nämlich an meine Kumpel draußen auf der Straße."

*"Ich werde bei der Stadt tun, was ich kann. Aber jetzt geht es auch mal um Sie. Also Kopf hoch und nicht lockerlassen!"
Noch im Krankenhaus erfuhr ich, was dieser „Haudrauf" von Rechtsanwalt alles zuwege gebracht hatte. Denn nach knapp einer Woche geschah, was ich niemals für möglich gehalten hätte: An mein Krankenbett kam ein „Riesenbahnhof" von lauter Ärzten und Pflegepersonal, an der Spitze mit dem leibhaftigen Chefarzt. Und in seiner Hand hatte er doch tatsächlich die größte und am meisten verbreitete Zeitung der Stadt.
„Sie sind mir ja einer, Herr M.", begrüßte er mich kurz angebunden.
„Erst aus der Zeitung muss man Näheres über Sie erfahren. Sie sind ja tatsächlich ein höchst ungerecht behandelter Mensch, gleichsam ein ausgesprochener Märtyrer."
Ganz verdattert bekam ich zunächst überhaupt kein Wort heraus. Dieser „Halbgott in Weiß" bemühte sich mit großem Gefolge an das Bett eines Obdachlosen und überschüttete mich mit einem regelrechten Wortschwall. Schließlich brachte ich ganz kläglich heraus:
„Aber, Herr Doktor, meinen Sie mich? Und wie kommen Sie denn auf mich?"
„Jetzt macht er einen auf ‚bescheiden'." Damit wandte er sich an seine Begleitung, drehte sich mir aber wieder zu und fuhr fort:
„Sind Sie denn nicht der ehemalige Banker, den man aus der Bank hinausgeekelt hat?"
„Ja, wenn Sie mich meinen."
„Aber, hier steht's doch groß und breit. Und der Herr M., das sind doch Sie, oder etwa nicht?"
Dabei zeigte er mir die betreffende Seite im Zeitungsinneren, die meinen damaligen Fall in allen Einzelheiten wieder-*

gab. Ich war zutiefst beschämt, aber der Zeitungsbericht stimmte.
Natürlich kümmerte man sich auch weiterhin intensiv um mich und brachte meine Heilung unglaublich rasch voran. Und ebenso tatkräftig bemühte sich auch der Rechtsanwalt um mich und sorgte für meinen Rentenantrag und dessen beschleunigte Bewilligung. Er informierte mich auch über seine Aktivitäten zu meiner Rehabilitierung bei meinem früheren Arbeitgeber.
„Ja, Herr M. Die Direktion Ihrer damaligen Bank wollte mit Ihrem Fall nichts mehr zu tun haben. Deshalb musste ich zum höchsten Druckmittel greifen. Selbstverständlich habe ich auch mit der Zentrale in Frankfurt Kontakt aufgenommen und ihr den Zeitungsbericht zugeleitet. Was meinen Sie, was nun passiert ist?"
„Ja, die sind sauer."
„Stimmt! Die sind sauer. Aber nicht auf Sie und mich, sondern auf die örtlichen ‚Häuptlinge', und das nicht zu knapp. Für eine Bank geht der Ruf über alles. Und deshalb haben Sie mir ein Bombenangebot gemacht, das ich Ihnen hiermit eröffnen soll."
„Ach Gott! Damit kann ich ja meine Familie in Sicherheit bringen."
„Ihre Familie? Ich dachte, Ihre Angehörigen wären bei einem Unfall umgekommen."
„Ja, leider. Aber ich habe noch eine andere Familie – meine Brückenkumpel!"

Und so geschah es: Max M. nahm über seinen Anwalt – einen brillanten Juristen, wie sich bald herausstellte – noch vom Krankenbett aus Kontakt mit der Stadt auf und ließ – auch mit eigenem Abfindungsgeld der Bank – ein großes Haus kaufen und mit den nötigsten Möbeln ausstatten.

Der seinerzeitige Zeitungsartikel wirkte dabei Wunder: Natürlich wollten die Politiker und Verwaltungsleute nicht ebenso „durch die Zeitung gezogen" werden, wie es der Bank widerfahren war.
Kaum war Max M. wieder halbwegs gesund, war er auch schon Richtung Donau unterwegs und „sammelte" seine Brückenkumpel ein. Diese hielten das kaum für möglich, dass sich jemand um sie kümmerte. Doch da irrten sie sich in Max M. Er gab nicht eher Ruhe, bis auch der Allerletzte *„seiner Familie"* ein warmes Zimmerchen mit Dach überm Kopf und ordentliche Mahlzeiten hatte. Dabei kam ihm der Winter zu Hilfe, vor allem beim „Einsammeln der Brückenkumpel". Natürlich ging es ihm nicht nur um Dank für seine Errettung, sondern um ein ordentliches Leben, vor allem auch für seine Brückenkumpel.
Im Laufe der Zeit ließ er das Haus auch umgestalten, damit sich jeder Obdachlose darin wohlfühle. Außerdem verhalf er samt seinem Rechtsanwalt auch jedem aus *„seiner Familie"* zu seinem Recht, wozu besonders die ihm zustehende Sozialhilfe gehörte.
Max M. ist inzwischen trotz seines Alters wieder unglaublich fit und fühlt sich unter seinen Kumpeln überaus wohl. Es ist ja schließlich **seine Familie**!

Dieser Bericht hat ebenso wie frühere Mitteilungen von der **Grenze zum Jenseits** nicht das Geringste mit einem **Traumerlebnis** oder **Trugbild** zu tun. Denn auch er weist auf zukünftige Geschehnisse hin, die sich dann auch tatsächlich ereignen. Ja mehr noch! Hier wird der todkranke Bewusstlose zu künftigen Aktivitäten aufgefordert, die nach menschlichem Ermessen kein vernunftorientierter Mensch für denkbar gehalten hätte. Ebenso wird dem Nahtodpatienten von seinem längst verstorbenen Vater exakt vorgegeben, wie er gleich nach seiner halbwegs erfolgten Genesung verfahren soll. Zugleich wird ihm auch der Erfolg in Aussicht gestellt, den ausgerechnet in dieser Situation auch der fantasiebegabteste Mensch nicht für möglich gehalten hätte.

Vom positiven Ziel – also dem Resultat – her gesehen, scheiden auch **geistige Beeinträchtigungen** aus, wie auch die folgerichtigen und erfolgsorientierten Aktivitäten dieses ehemals kranken Obdachlosen beweisen.

Da somit *jegliche Arten von Trugbildern* als Verursachungsfaktoren für diese Mitteilungen von der **Grenze zum Jenseits** ausscheiden, kann es sich dabei faktisch nur um Nahtoderlebnisse mit realistischem Hintergrund handeln.

Somit liegt es auch bei diesem Bericht nahe, auf die darin erörterten Schwerpunkte einzugehen:

Auch hier wird **der irdische Tod** wieder als Trennung des geistigen Menschen vom Körper und damit vom körperlichen Menschen beschrieben. Das tritt sogar mit doppelter Intensität hervor:

Der nahtodkranke Obdachlose fragt seinen längst schon verstorbenen Vater höchst ungläubig, wieso er ihn jetzt sieht. Nach seiner Überzeugung glaubt er also offenbar an kein Fortbestehen des Menschen nach dem Tod. Er denkt folglich bis zu diesem Wiedersehen mit seinem Vater, dass mit dem Tod generell jedes menschliche Leben endet. Dieser Vorstellung widerspricht sein Vater und beweist das mit seiner eigenen Existenz.

Schließlich lässt sich der bewusstlose Sohn überzeugen und überträgt diese Erkenntnis für den Fall des eigenen Todes sogar auf sich selbst.

Die **feste** Annahme des Fortlebens nach dem irdischen Tod zeigt sich dann im Wunsch des Nahtodkranken, bei seinem

Obdachloser mit Lungenentzündung 85

Vater *im Jenseits* zu bleiben. – Jemand, der vom Weiterleben nach dem Tod *nicht* überzeugt ist, wird einen solchen Wunsch nicht äußern, vor allem nicht im Hinblick auf den fest angenommenen eigenen Tod.
Gerade bei diesem Nahtoderlebnis und der damit verbundenen Vision zeigt sich in ganz besonderem Maß die **Verbundenheit zwischen Jenseits und Diesseits:** Der verstorbene Vater ist vollständig informiert über die Geschehnisse im Diesseits, die seinen Sohn betreffen. Er weiß ganz genau Bescheid über das furchtbare Leben seines Sohnes. Ebenso kennt er alle Einzelheiten, die zu diesem Lebenselend geführt haben. Dabei äußert er aber auch eindeutige und praktische Hinweise, wie sein Sohn dieses jämmerliche Leben zu einer guten und glücklichen Wendung bringen kann. Ja mehr noch! Er bestärkt seinen Sohn, sein weiteres Leben zu bejahen und unglaublich viel Positives zu bewirken. Und das gilt nicht etwa für eine Gesellschaft in Wohlstand und Genuss, sondern ausgerechnet für die Ärmsten der Armen. Und der Vater erreicht es, dass sein Sohn – wenn auch nach einigem Zögern – sich dieser Aufgabe nicht verschließt und sie dann später auch annimmt. Und da der geistige Mensch seines Vaters – ähnlich wie auch aus früheren Nahtoderkenntnissen anderer Mitteilungen ableitbar – in die Zukunft sehen kann, weiß er um die künftige Bereitschaft seines Sohnes.
Hier zeigt sich ganz gezielt, wie Hinweise aus dem Jenseits gerade im Diesseits erfolgreich umgesetzt werden können. Vorstellungen, wonach sich das jenseitige Leben vom Diesseits völlig abgehoben vollzieht, sind also *nicht* richtig. Den geistigen Menschen und Wesen im Jenseits ist es also nicht gleichgültig, was im Diesseits geschieht.
Aber: Die Menschen im Diesseits müssen dabei auch

bereit sein, die Empfehlungen aus dem Jenseits anzunehmen und umzusetzen! Denn die Menschen haben und behalten – in der Beziehung zum Jenseits – jederzeit ihren freien Willen. Hinweise aus dem Jenseits sind also „Hilfen zur Selbsthilfe", aber kein Zwang!

Wie aus früheren Nahtoderlebnissen und den daraus abgeleiteten Schlussfolgerungen hervorgeht, ist es für jenseitige Wesen sehr wohl möglich, ohne irgendeine Beeinträchtigung sowohl an der Lebensexistenz im Jenseits – vor allem der Glücksgemeinschaft – teilzuhaben als auch das irdische Leben zu begleiten. Auch in diesem Bericht wird mitgeteilt, dass das Leben in der **jenseitigen Welt** sogar noch schöner ist, als man es sich im irdischen Leben vorstellen könne.

Hier kann zudem noch eine weitere Erkenntnis abgeleitet werden:

Neben den Dialogen mit geistigen Menschen und Wesen aus dem Jenseits zeigt gerade auch dieses Gespräch zwischen Vater und Sohn, dass solche Zwiegespräche auf die nötigsten Inhalte und Mitteilungen begrenzt sind und dann vom jenseitigen Dialogpartner beendet werden, wenn die notwendigen Hinweise gegeben wurden.

Auch bei diesem Nahtoderlebnis ergibt sich wieder das **Phänomen von Vorhersage und Prophezeiung:**

Obwohl dem Nahtodkranken der unmittelbare Tod bevorzustehen scheint, was ihm selbst auch bewusst ist, sagt ihm sein Vater die Errettung voraus und informiert ihn auch über *die zeitgleiche medizinische Versetzung in den Tiefschlaf.* Das kann der Obdachlose unmöglich wissen.

Neben der momentanen Errettung prophezeit ihm sein Vater ebenfalls sein – noch dazu sehr langes – Weiterleben und ebenso eine Fülle von Aktivitäten – im Diesseits, die er offensichtlich auch tatsächlich bewältigen wird.

Natürlich konnten bis zum gegenwärtigen Zeitpunkt nicht restlos *alle* künftigen Geschehnisse nachvollzogen werden. Doch für den weitaus größten Teil der väterlichen Vorhersagen/Prophezeiungen bewahrheiteten sich diese tatsächlich.

Dachdecker auf dem Kirchturmdach

Kein Dach war ihm zu steil und kein Turm zu hoch. Schließlich war er ein bekannter Dachdeckermeister mit Gesellen wie Auszubildenden und vor allem mit einer blendenden Geschäftslage. Er war voll ausgebucht und befasste sich mit Bedachungen aller Art, vom Flachdach über Wandverkleidungen bis hin zu Schräg- und Steildächern aller Art. Und eine ganz besondere Spezialität waren Kirchtürme, hauptsächlich mit Schieferdächern.
Natürlich gab es genaue Vorschriften über Gerüste und Halte- bzw. Schutzausrüstungen, vor allem bei Steildächern. Doch Dachdeckermeister Carsten T. handhabte diese Vorschriften manchmal etwas locker, vor allem, wenn er selbst auf steilen Dächern „herumturnte", wie er sich auszudrücken pflegte.
So erhielt er irgendwann auch den Auftrag, den Spitzturm einer Kirche mit Schiefer neu einzudecken und das Kirchendach im Innern zu isolieren und vor Kälte zu schützen. Carsten T. wusste, dass irgendwann auch das unglaublich große Kirchendach neu eingedeckt werden musste. Aber das würde sowieso auf ihn zukommen, wenn die Pfarrgemeinde mit seiner Kirchturmarbeit zufrieden wäre und dann auch die erforderlichen Kosten verkraften könnte. Natürlich ergab sich zuvor ein Abklärungsgespräch mit dem betreffenden Pfarrer und dem Kirchenvorstand. Carsten T.s Bedachungsgeschäft galt als beste Fachadresse für derart schwierige und kostspielige Aufträge. Dennoch wünschten die Verantwortlichen die Aussprache. Hierbei ging es zunächst um den Preis für die

Arbeit an diesem Gotteshaus. Doch ergab sich im Laufe des Gesprächs auch die Frage nach Carsten T.s religiöser Einstellung, indem jemand aus dem Kirchenvorstand äußerte:
„Wir nehmen doch stark an, dass Sie den Kirchturm in eine Art Schmuckstück verwandeln."
„Aber das versteht sich doch von selbst. Gerade so ein hoher Kirchturm fällt ja direkt ins Auge. Und meine Firma bürgt für Qualität. Sie können sich auf uns und speziell auf mich verlassen."
„Davon gehen wir natürlich aus. Aber Sie wollen doch auch, dass die Kirche zum Schmuckstück wird."
„Außen wird der Turm auf alle Fälle ein Zierstück. Für das Innere der Kirche bin ich aber der falsche Ansprechpartner."
„Natürlich. Das Turminnere wird man in der Kirche ohnehin kaum sehen können. Aber Sie wünschen doch, dass es auch im Inneren der Kirche schön aussieht."
„Klar, warum denn nicht? Ich verstehe aber Ihre Frage nicht ganz. Was hat denn die Kirche im Inneren mit dem äußeren Aussehen des Turms zu tun?"
Inzwischen war auch der Pfarrer auf diesen kleinen Dialog aufmerksam geworden und versuchte, das Zwiegespräch auf den Punkt zu bringen:
„Ich nehme an, der Vertreter aus dem Kirchenvorstand fragt Sie, ob Sie auch die Kirche von innen kennen."
„Hier muss ich passen. Ich kenne sie hauptsächlich nur von außen."
„Ja wahrscheinlich, weil Sie zu einer anderen Pfarrei oder Konfession gehören."
„Keineswegs. Ich gehöre sowohl zur hiesigen Pfarrei als auch zur passenden Konfession. Ebenso bezahle ich auch treu und brav meine Kirchensteuer. Aber die Kirche habe ich bis heute noch kaum betreten."

„Wir verstehen, Herr T. Doch würden wir uns zuweilen auch über Ihre Besuche *in* und nicht nur *auf der Kirche* freuen."
„Ich werde mir's merken. Aber zunächst kümmere ich mich um die Kirche von außen."
Damit endete das delikate Gespräch.
Und umgehend rüstete Carsten T.s Firma den Kirchturm ein und begann mit der Bedachungsarbeit des Turms vom Fuß des Turmdachs her, wobei der Chef die Einrüstung und Absicherung etwas locker anging. Er nahm wohl an, dass seine Gesellen und Azubis dadurch weniger in Gefahr gerieten als vor allem er selbst. Und *er* hielt sich für unfallsicher und unfallfrei – eben für *unverwundbar* und *unverletzlich*. Er ließ sich auch kaum etwas sagen.
Die Eindeckarbeit ging zügig voran, und Carsten T. wurde in seiner Einschätzung als Routinier wieder einmal bestätigt. *Es lief eben alles wie geschmiert.* Das Wetter spielte prächtig mit, und in wenigen Tagen hätte der *„lange und spitze Finger seinen Fingerhut"*, jedenfalls nach Carsten T.s Ansicht.
Doch es kam anders!
Der Dachdecker stand auf dem obersten Gerüst und hatte sich auch mit seiner Sicherheitsgurt-Weste befestigt. Doch aus nicht restlos geklärten Gründen verlor der Dachdecker auf einmal seinen Halt und stürzte – trotz Geländer – nach unten bis auf ein wesentlich tiefer liegendes Gerüst, das wegen des breiteren Turmdachs weiter nach außen ragte und ihn auffing. Allein dieser Sturz wäre sicher schon tödlich gewesen, wenn dort nicht – wie durch ein Wunder an der richtigen Stelle – dicke Rollen von restlichen Schutzplanen aus Plastikfolie gelegen hätten. Als ausgerollte Schutzplanen sollten sie vor herabfallendem Dachabfall schützen.
Nun schützten sie ihn in doppelter Hinsicht: Sie fingen den enormen Aufprall des Dachdeckermeisters auf und verhinder-

ten, dass Carsten T. von diesem Gerüst aus auch noch weiter nach unten abstürzte.
Dachdeckergesellen und Azubis verfolgten voller Entsetzen das schreckliche Geschehnis.
Sofort verständigte ein Dachdeckergeselle per Handy Feuerwehr und Rettungsdienst. Mit einer Drehleiter samt Rettungskorb holte die Feuerwehr den Verunglückten vom Auffanggerüst. In Verbindung damit brachte nach notärztlicher Versorgung ein Rettungswagen Carsten T. sofort ins nächste Krankenhaus.
In dem längere Zeit nach seiner Genesung gegebenen Bericht teilte Carsten T. Folgendes mit:

Ich schaute noch höchst zufrieden auf die fertigen und sehr gut gelungenen Schieferreihen. Fast hatte die gesamte Turmhaube ihr Schieferkleid. Und ganz zum Schluss fehlte noch die Spitzenabdeckung aus verzinktem Blech. Turmkreuz und Wetterhahn konnten bleiben, mussten aber nur noch gereinigt und dann mit speziellem Flüssigmetall mehrfach behandelt werden. Also nur noch eine Arbeit von etwa einem Tag, höchstens zwei Tagen. Nur der Schutzgurt war lästig.
Gerade wollte ich noch die allerletzte Schieferreihe festnageln und die Maße für die Spitzenabdeckung nehmen, da merkte ich, wie ich irgendwie den Halt verlor. Das alles ging so schnell, dass ich es gar nicht richtig wahrnehmen konnte.
Ich merkte nur noch – wie von ganz weit weg –, dass ich auf etwas Glattes und irgendwie doch auch Biegsames aufschlug, und verlor dann die Besinnung.
Es muss wohl längere Zeit gedauert haben, bis ich irgendetwas wahrnahm. Dann hatte ich den Eindruck, als befinde ich mich im Operationssaal eines Krankenhauses und

schwebte hoch oberhalb der Ärzte, die sich an meinem Körper zu schaffen machten.
Schließlich verlor ich erneut das Bewusstsein. Wie lange dieser Zustand wohl andauerte, ist mir unklar. Aber dann nahm ich eine Art absolute Dunkelheit wahr. Ich war also nicht mehr ohne Besinnung, sondern hatte die Wahrnehmung, als befände ich mich in dauernder Finsternis. Deshalb versuchte ich zu schlafen. Aber das gelang nicht. Ich war in dieser Dunkelheit gleichsam hellwach, ein geradezu sonderbarer und mir sinnlos erscheinender Eindruck. Welchen Sinn soll es denn haben, wenn rundum tiefste Finsternis herrscht und man dennoch wach ist, als wäre man gerade aus einem langen Schlaf erwacht?
Hinzu kam die totale Stille. Ich hörte nichts, auch nicht das geringste Geräusch. Es war buchstäblich gespenstisch!
Die Dauer dieses Zustandes kann ich ebenfalls nur vermuten: Es dauerte recht lange. Ich konnte dagegen nichts tun. Und das behagte mir überhaupt nicht. Dieses Nichtstun in dauernder Dunkelheit und Stille passte mir nicht. Es widerstrebte meiner Natur total. Ich dachte an meine Gesellen und Auszubildenden. Was würden die jetzt wohl tun? Und wie sollte es mit dem Dach des Kirchturms weitergehen? Und das ausgerechnet unmittelbar vor der Fertigstellung.
Doch mein Unmut und mein Ärger nutzten mir nichts. Es blieb zunächst dunkel und totenstill. Meine Geduld wurde auf eine sehr harte Probe gestellt. Nachdem ich mir schließlich die Weiterarbeit am Kirchturm gedanklich in allen Einzelheiten vorgestellt hatte und dann überhaupt nichts weiter geschah, überlegte ich mir, ob ich wohl tot sei. Ich hatte einen Sturz vom Dach herab hinter mir und vermutete, dass ich auf irgendwelchen biegsamen Rollen oder etwas Ähnlichem aufgeschlagen war. Ich hatte auch gesehen, wie Ärzte

sich mit meinem Körper befasst hatten. Aber immerhin: Wovon musste ich denn nun tatsächlich ausgehen?
Lebte ich noch oder war ich tot? An ein Weiterleben nach dem Tod glaubte ich sowieso nicht. Wenn nun alles dunkel und totenstill war, konnte das doch wohl nur bedeuten, dass ich tot sein musste. Aber dazu passten doch meine vielen Gedanken überhaupt nicht. Denn wenn man tot ist, dann muss doch eigentlich auch das Gehirn tot sein, weil das Gehirn ja der Ursprungsort des Denkens ist. So dachte ich, und so hatte ich es auch gelernt.
So grübelte ich nach meiner Einschätzung ziemlich lange vor mich hin und musste mich ganz einfach in mein Schicksal fügen, ob ich wollte oder nicht. Und das sollte bei meinem „explosiven" Temperament eine Menge heißen. Mir leuchtete es allmählich ein: Egal, ob ich explodiere oder mich in mühsamer Geduld fasse – es verändert sich ohnehin nichts.
Während ich so in dumpfer Grübelei verharrte, war es mir, als käme irgendwoher ein ganz dünner und fahler Lichtschimmer – wie durch einen recht milchigen Nebel. Er wurde ganz langsam und höchst allmählich ein wenig heller. Und in diesem fahlen, schwachen und schummrigen Schimmerleuchten erkannte ich zunächst ganz schemenhaft irgend so etwas wie eine Gestalt, die größer wurde und dann in deutlichem Licht zu erkennen war: Es musste eine mir von früher her bekannte Person sein. Und dann merkte ich auch, wer es war – mein früherer Chef und Ausbilder, ein hervorragender Dachdeckermeister, von dem ich unglaublich viel gelernt hatte. Von ihm stammte auch mein jetziges Geschäft, das er mir – weil ohne Nachkommen – vor langer Zeit schon übergeben hatte.
Ja, er war es, Ewald H., mein alter und unnachahmlich groß-

artiger Chef. Mir fiel sofort auf, dass er mit dem Kopf schüttelte. So hatte er es früher immer dann gemacht, wenn ich oder irgendein anderer Lehrling, wie wir früher hießen, etwas besonders Dummes angestellt hatten. Das tat er damals immer gütig, aber auch unnachgiebig. Anschließend belehrte er uns – meist wiederholt –, wie man es richtig macht. Ich ahnte deshalb auch schon, was er mir nun vorhalten würde. Und richtig, ich hatte mich nicht getäuscht:
„Carsten, mein Lieber, das war aber wohl nicht alles so, wie ich es dir damals beigebracht habe. Erst recht am Steildach muss alles sicher sein: Befestigung und Gerüst."
„Ja, Ewald, das war sicher nicht im Sinne der guten, alten Dachdeckerkunst."
„Eben. Und das wäre auch beinahe total schiefgegangen. Dein Glück oder auch Segen waren die Schutzplanen."
„Ja, ich vermute, sonst wäre es aus."
„Dein irdisches Leben wäre zu Ende. So aber kannst du zurückkehren, sobald die Ärzte dich wieder geheilt haben. Deine Leute sorgen übrigens für die restliche Arbeit am Turm und unter dem Kirchendach."
„Woher weißt du das denn alles?"
„Wir im Jenseits sind an keine Zeit gebunden und schauen ohne Probleme auch in die Zukunft."
„Gibt es denn so etwas wie das Jenseits? Ich dachte, mit dem Tod ist alles aus."
„Mit dem Tod ist es nur auf der Erde zu Ende, das Leben im Jenseits geht aber weiter. Der beste Beweis bin ich doch." –
„Ja, Ewald, wenn du das so sagst. Du hast mich ja noch nie belogen."
„Eben."
„Dann wirst du mir doch auch sagen, wie es im Jenseits aussieht."

„Das Leben in der Glücksgemeinschaft mit dem höchsten Wesen, also mit Gott, ist wunderschön. Ich gehöre zum Teil auch schon dazu."
„Wieso denn nur zum Teil?"
„Weil ich noch Einiges wiedergutmachen muss."
„Und wie geht das?"
„Ich soll auf Menschen auf der Erde besonders aufpassen, die nicht alles gutmachen. So wie auf dich etwa."
„Und was sollst du dann tun?"
„Ich bewahre sie vor Unheil. Aber das geht nur, wenn diese Menschen auch auf mich hören."
„Wie können sie denn auf dich hören, wo du doch nicht mehr auf der Erde bist?"
„Das geht durch die innere Stimme oder durch die Fügung äußerer Umstände. Die Menschen sollten das aber auch beachten."
„Das ist aber schwierig."
„Wenn ein Mensch etwas sensibel ist, dann gelingt es. Aber nicht, wenn einer immer nur mit dem Kopf durch die Wand stoßen will."
„Wie ich?" – *„Ja."*
„Was wird denn jetzt aus mir?"
„Alles wird gut. Du musst die nötige Vorsicht beachten. Und du weißt jetzt, dass es nach dem irdischen Tod weitergeht."
„Gilt das auch für ein religiöses Leben?"
„Ja!"
„Oh, da wäre ich aber im Jenseits nicht gut angekommen."
„Stimmt."
„Was wäre denn dann mit mir geschehen?"
„Du hättest ja nicht an der Glücksgemeinschaft teilnehmen können, denn das hängt vom Willen und von der Bereitschaft ab."

„Und was geschieht mit solchen Menschen?"
„Solche geistigen Menschen leben in der Trennung von Gott und der Glücksgemeinschaft, weil sie das ja so und nicht anders wollen und dazu auch nicht bereit sind."
„Wieso?"
„Ihnen fehlt die Zuneigung! Mach es deshalb von jetzt an besser. Und denke daran: Ich begleite dich und werde dich beschützen."
Nach diesen Worten nahm das vorherige Leuchten allmählich ab und die Gestalt meines früheren Chefs verblasste recht bald. Gern hätte ich noch weiter mit ihm gesprochen. Doch er war weg, und mich umfing zunehmende Dunkelheit. Ich hatte den Eindruck, er hatte nur das mit mir besprochen, was für mich wichtig war. Und sofort danach hatte er sich verabschiedet.
Die Dunkelheit um mich herum ging schließlich in eine Art Benommenheit über, bis ich irgendwann auf der Intensivstation aufwachte.
Von dem Pflegepersonal und dem Oberarzt erfuhr ich in den nächsten Tagen, dass meine Bewusstlosigkeit mehrere Tage gedauert hatte und ich mich auf dem besten Weg der Heilung befinden würde. Deshalb konnte man mich danach auf eine normale Station verlegen. Gegen Abend des nächsten Tages besuchte mich meine gesamte Mannschaft. Den weiß Gott nicht weichlichen Burschen waren feuchte Augen anzumerken, als sie mich lebendig und einigermaßen munter wiedersahen. Auch meine Augen wurden nass, als ich die ganze Truppe am Krankenbett erblickte. Sie begannen, mir zu berichten, was sie weiter unternommen hatten oder noch tun wollten. Dabei machte ich mir den Spaß, von mir aus ihren Bericht zu Ende zu erzählen. Ihre Augen wurden riesengroß. Sie fragten, woher ich das denn alles wisse. Ich

antworte, ich wisse es von einem guten Bekannten, und ich würde ihnen bei Gelegenheit alles exakt erzählen. Wie sie mir bestätigten, war genau alles so geschehen, wie es mir mein früherer Chef vorhergesagt hatte.
Am Tag darauf besuchte mich der Pfarrer und erkundigte sich ganz betroffen nach meinem Gesundheitszustand. Er brachte mir auch einen großen Zeitungsartikel mit, in dem ein umfangreicher Bericht über meinen lebensgefährlichen Unfall stand. Ich teilte ihm auch mit, dass ich nicht nur die Kirche von außen, sondern demnächst auch von innen näher kennen lernen wolle. Er schaute mich zunächst ganz ungläubig an. Doch dann schien ihn mein offensichtlicher Gesinnungswandel zu erfreuen.
Mehr als drei Wochen später konnte ich tatsächlich entlassen werden. Auf Krücken humpelte ich dann zur Kirche und sah zu meiner höchsten Verwunderung, dass der Turm restlos fertig eingedeckt war und Turmkreuz wie Wetterhahn im Sonnenlicht herrlich glänzten.
Und meine Mannen waren dabei, die letzten Isoliermatten und -ballen auf den Dachboden zu schaffen und das Kirchendach im Innern zu isolieren.
Ebenso verluden sie die eingerollten Schutzplanen auf unseren LKW. Bei ihrem Anblick lief mir ein Schauer den Rücken hinunter: Ohne sie hätte ich nicht überlebt. Fast liebevoll und dankbar streichelte ich darüber, auch wenn das höchst sonderbar und eigenartig aussah.
Mein Glück und meine innere Freude konnte ich nicht fassen. Und zwar nicht nur wegen der fast fertigen Riesenarbeit, sondern auch als ein ganz neuer Mensch.

Diese Mitteilung des verunglückten und wieder genesenen Dachdeckers über sein Nahtoderlebnis enthält eine ganze

Reihe von Hinweisen auf zeitgleiche und erst recht zukünftige Ereignisse, die sich dann später als tatsächliche und genauso eingetretene Geschehnisse herausstellten. Damit scheidet bei diesem Bericht – wie auch schon bei früheren ähnlichen Mitteilungen – der Gedanke an ein **Traumerlebnis** oder **Trugbild** aus. Denn auch hier hätte ein Traum nie auf künftige Vorgänge hinweisen können, weil sie vorab noch nicht im Gedächtnis eingespeichert gewesen wären.
Bei der Charakterisierung dieses offenbar höchst realistisch eingestellten Dachdeckermeisters wäre auch die Vermutung **geistiger Beeinträchtigungen** abwegig.
Trugbilder jeglicher Art erweisen sich mit Sicherheit als Verursachungsfaktoren für diese Mitteilung des Nahtoderlebnisses als unwirklich. Somit kann man bei diesem Bericht von einem realistischen Geschehnis ausgehen.
Damit ist es auch hierbei naheliegend, auf die geschilderten Inhalte einzugehen:
Der irdische Tod wird auch in dieser Darstellung lediglich als Trennung des geistigen Menschen vom Körper erklärt. Gerade auch dieser Verunglückte zeigt sich gegenüber dem Weiterleben nach dem Tod höchst kritisch und geradezu ungläubig. Er äußert im Gespräch mit seinem früheren Chef – als Dialogpartner aus dem Jenseits – seine feste Überzeugung, mit dem Tod sei alles aus. Ein Weiterleben nach dem Tod gebe es nicht. Und sein jenseitiger Gesprächspartner sagt ihm eindeutig, mit dem Tod sei es nur auf der Erde zu Ende, das Leben im Jenseits aber gehe weiter. Der dafür schlagendste Beweis sei ja sein Dialogpartner aus dem Jenseits selbst, der (irdisch) schon lange tot sei, aber nun immer noch lebe.
Für Carsten T., den Nahtodpatienten, galt diese Aussage seines früheren Chefs umso mehr, als dieser ihn noch nie belogen habe.

In diesem Nahtoderlebnis wird auch **die Gestaltung des Weiterlebens nach dem Tod** erörtert. Das ist das **Leben in der Glücksgemeinschaft mit dem höchsten Wesen.** Dieses jenseitige Leben ist wunderschön und von unvorstellbarem Glück erfüllt, aber offenbar nur für geistige Wesen und Menschen, die hierzu auch die erforderlichen Voraussetzungen haben:
**Wille und Einstellung für das Leben
in der Glücksgemeinschaft.**

Zu dieser Einstellung gehört eindeutig die **innere Zuneigung zum höchsten Wesen und zu allen anderen Wesen** in dieser Gemeinschaft. Damit ist jede Art von *irdisch-äußerem Schein der Bereitschaft zu einer solchen Einstellung* ohne jede Bedeutung. Daraus aber lässt sich folgern:
Ohne entsprechende Verwirklichung im irdischen Leben gelangt ein Mensch nicht zu einer solchen Einstellung.
Wer diese **echte innere Zuneigung** nicht hat, schließt sich von dieser Gemeinschaft gleichsam selbst aus, weil ihm die Einstellung und Bereitschaft zum Leben in dieser Glücksgemeinschaft fehlen.
Gerade dieser Bericht über das Nahtoderlebnis hebt noch eine weitere Besonderheit hervor:
Das ist der Hinweis auf **die partielle Zugehörigkeit zur Glücksgemeinschaft,** also auf die **eingeschränkte** Teilhabe an der Glücksgemeinschaft dieses Dialogpartners aus dem Jenseits. Dem weiteren Zwiegespräch ist zu entnehmen, dass dieser geistige Mensch irgendwann vollauf zur Glücksgemeinschaft gehören wird, aber sich noch **bewähren** soll und dies auch tut. Seine **Bewährung** besteht darin, dass er Menschen im irdischen Leben beschützen soll. Diese besondere

Art der Bewährung ist also keine theoretische oder rein gedankliche *„Pflichtübung"*, sondern hat eine höchst praktische Orientierung:

Ein geistiger Mensch aus dem Jenseits soll einen Menschen im irdischen Leben begleiten und beschützen.

Wie sich das vollziehen soll, wird in diesem Dialog zwischen dem Verunglückten und seinem Gesprächspartner aus dem Jenseits dargestellt:

Der jenseitige Geistmensch wirkt auf den *„Schützling"* mit Hilfe der inneren Stimme ein und *„koordiniert"* die äußeren Umstände so, dass dem *irdischen Schutzbefohlenen* möglichst kein Unheil widerfährt. Das setzt natürlich voraus, dass der zu Schützende sich auch entsprechend verhält und die nötige innere Sensibilität entwickelt.

Dieses **„Bewährungsphänomen"** steht übrigens nicht für sich allein:

Aus dem Dialog an der Grenze zum Jenseits des **Sportlehrers auf dem Trampolin** mit seinem Vater aus dem Jenseits geht ebenfalls hervor, dass dieser gleichsam als *Bewährung* auf andere Menschen – und damit auch auf seinen übermütigen Sohn – aufpassen und sie beschützen soll.

Auch daraus ergibt sich wieder, dass **Diesseits und Jenseits** im Prinzip keine getrennten Welten sind, sondern in enger **Verbundenheit miteinander** stehen, es sei denn, irdische Menschen sind nicht bereit, dies mit der nötigen Sensibilität zu akzeptieren und sich entsprechend zu verhalten.

Dies setzt natürlich voraus, auf die individuelle **innere Stimme** zu achten und auch **die äußeren Umstände** seines individuellen Lebensablaufs zu berücksichtigen.

(Die entsprechenden Überlegungen zur **inneren Stimme** am Schluss des Berichts über den **schweren Unfall eines Pfarrers** sind hierzu in jedem Fall hilfreich.)

Schließlich zeigt sich auch als Schlussfolgerung aus diesem Nahtoderlebnis, dass geistige Wesen bzw. Menschen aus dem Jenseits zu **Vorhersagen** und **Prophezeiungen** befähigt sind, weil bei ihnen keinerlei Zeitbindung besteht.
Dies erklärt auch Carsten T.s ehemaliger Ausbilder, indem er einerseits genau um die unvollkommenen Sicherheitsvorkehrungen, speziell bei der Bedachung dieses Kirchturms, weiß und dann vor allem **zeitgleiche und künftige Ereignisse vorhersieht und vorhersagt** wie Carsten T.s rasche Heilung und die Vollendung der Turmbedachung, ohne dass der Meister dabei beteiligt sein wird.

Dauerlauf eines Arztes

Natürlich war Dr. Peter G. stadtbekannt und weit darüber hinaus. Denn er hielt häufig Vorträge über die Verlängerung des Lebens durch mäßige Essgewohnheiten und intensive Bewegung an der frischen Luft. Hauptberuflich war er Kardiologe, also medizinischer Spezialist für Herz-Kreislauf-Erkrankungen. Er hatte eine blühende Facharztpraxis und war ein gefragter Ratgeber in Wort und Schrift. Denn seine Vortragsgedanken veröffentlichte er auch in Büchern und ließ sich dafür und insgesamt reichlich belohnen.
An einem langen Leben war ihm auch selbst sehr gelegen, weil er sich nicht sicher war, ob es danach wohl weitergehe. Das war ihm eigentlich auch völlig gleichgültig. Hauptsache, die Kasse stimmte! Und sie stimmte für seine Frau und eine Tochter in jedem Fall. Nur hielt er sich mit über fünfzig Jahren nicht auch selbst an seine eigenen Lebensregeln: Er aß, was ihm schmeckte. Und das war recht viel. Und die Bewegung an der frischen Luft hielt sich auch in engen Grenzen. Denn Arztpraxis, Vorträge und Bücher ließen ihm kaum Freizeit.
Der Wendepunkt ergab sich während eines Vortrags, als ein junger Mann ihn nach seiner eigenen Lebensführung fragte: Er – der Arzt – habe doch eine ansehnliche Leibesfülle und propagiere Mäßigung beim Essen und viel Bewegung im Freien. Wie könne man denn so einen Vortrag mit einer sicherlich völlig anders gearteten Lebensführung vereinbaren?
Diese Frage mochte sicher ungeschickt und recht taktlos gewesen sein – sie traf den Facharzt aber im tiefsten Innern.
So war Dr. Peter G.s Antwort auf diese Frage recht *„unkoor-*

diniert": Statt diese Frage humorvoll und mit der nötigen Nachsicht zu beantworten, polterte er wütend los und ließ seinem Ärger freien Lauf. Die Zuhörerschaft zeigte sich doppelt irritiert – einerseits durch den burschikosen Fragesteller und andererseits durch den Wutausbruch des Arztes. Damit endete dieser Vortrag höchst unerquicklich.

In der nächsten Zeit überlegte sich der Kardiologe aber, wie man solchen „ungehörigen Fragen" begegnen könne. Daher besann er sich darauf, tatsächlich seine Mahlzeiten etwas zu bremsen und mit *„Freiluftjogging"* anzufangen. Er konzentrierte sich auf den nächstbesten Wald und ließ dabei jede Mäßigung vermissen.

Im Prinzip wäre gegen diese veränderte Lebensführung nichts einzuwenden gewesen. Doch die damit verbundene Übertreibung konnte ein bis dahin kaum eingeübter Körper nicht verkraften. Er als Herz-Kreislauf-Spezialist hätte um diese Risiken einer plötzlichen Lebensumstellung wissen müssen. Doch Dr. Peter G. missachtete die medizinischen Maßstäbe, die gerade er ganz besonders hätte kennen und beherzigen müssen.

Aus diesem Jogging als eigentlich gemäßigtem Dauerlauf machte er ein Training, als wollte er in kürzester Zeit einen Marathonlauf bewältigen. Und so kam es auch, wie es kommen musste:

An einem der nächsten Tage brach er beim erneuten Waldlauf zusammen und lag auf einem zum Glück ziemlich belebten Waldweg. Dort fanden ihn zwei Waldarbeiter, die mit ihrem Mobiltelefon umgehend einen Rettungswagen alarmierten. Zudem versuchten sie, im Rahmen ihres Kenntnisstandes und ihrer Möglichkeiten erste Hilfe zu leisten. Jedenfalls teilten der Notarzt und die Rettungssanitäter dies nach ihren Feststellungen später so mit.

Der Rettungswagen brauchte bis zu diesem zwar belebten, aber nicht leicht auffindbaren Waldweg eine Weile. Notarzt und Sanitäter sicherten die notärztliche Versorgung und brachten den Bewusstlosen ins nächste Krankenhaus. Dort setzte man nach eingehenden Untersuchungen die nötige medizinische Behandlung fort und hielt den Patienten unter gezielter Beobachtung.
Nach seiner Heilung bzw. Genesung berichtete Dr. Peter G. folgendes Erlebnis während seiner Bewusstlosigkeit:

Ich fuhr erneut zu dem ausgewählten Wald und suchte mir irgendeinen Weg, um einen einigermaßen bequemen Dauerlauf hinter mich zu bringen. Dabei stieg in mir massenhafter Ärger auf:
Warum musste ich mir das überhaupt antun? Da hatte irgendein Schnösel meinen Bauchansatz bespöttelt und bemängelt. Was ging der ihn überhaupt an? Sicher, etwas mehr Bewegung konnte mir eigentlich nur guttun. Aber auf keinen Fall unter Zwang. Und schon gar nicht, weil so ein Bengel dumme Bemerkungen machte.
Und dann sollte ich auch noch weniger essen, um vielleicht abzunehmen. Jedenfalls drang meine Frau nach der zur Kenntnis genommenen Kritik darauf, gezügelter zu essen, nach Möglichkeit mehr Obst und Gemüse. Als Mediziner wusste ich: Das würde mich nur dünnhäutiger, nervöser und für Ärger leichter erregbar machen.
Weiterhin müsste ich meine Vortragstätigkeit einschränken. Ich würde nicht nur die vorzüglichen Honorare verlieren, sondern auch an Ansehen und Bedeutung einbüßen.
Vielleicht würde ich auch in meiner Praxis für Herz-Kreislauf-Probleme und entsprechende Erkrankungen Patienten verlieren.

Und das alles nur wegen ungezogener Bemerkungen von so einem unreifen Zuhörer, der mich doch nur provozieren und ärgern wollte.

Natürlich hätte ich das einfach „wegstecken" und ignorieren können. Doch es ärgerte mich unglaublich und brachte mich „in Harnisch".

Das war dann sicher auch der Grund dafür, dass ich in meiner Wut übers Ziel des einfachen Dauerlaufs hinausschoss und mein Lauftempo steigerte, als wollte ich schnellstmöglich auf einen Marathonlauf hinsteuern.

Ich merkte sehr bald, wie mein Kreislauf anfing zu rasen und ich mehr nach Atemluft rang. Anstatt meine Rennerei zu stoppen oder zu verlangsamen, beflügelte meine Wut im Bauch meine Renngeschwindigkeit, bis ich nur noch ein Flimmern sah und es mir vor den Augen schließlich schwarz wurde.

Dass ich dabei zusammenbrach und zu Boden fiel, bekam ich gar nicht mehr mit. Ebenso merkte ich auch nicht, dass ich von Waldarbeitern gefunden, dann notärztlich versorgt und schließlich in ein Krankenhaus gebracht wurde. Das alles wurde mir später mitgeteilt. Wahrscheinlich befand ich mich zu dieser Zeit in einer gleichsam normalen Schlaftiefe, die dann später aber offenbar in eine immer tiefere Bewusstlosigkeit überging.

Denn wie ich später erfuhr, war mein Gesundheitszustand äußerst kritisch, und die Ärzte kämpften intensiv um mein Überleben. Weit vom Tod war ich mit Sicherheit nicht mehr. Das alles erfuhr ich erst viel später. Zu diesem Zeitpunkt befand ich mich allen späteren Nachforschungen und meinen persönlichen medizinischen Gedankengängen nach tatsächlich am unmittelbaren Rand zum Exitus, also in unmittelbarer Todesnähe.

Nach meinem Erinnerungsstand schlief ich zu dieser Zeit irgendwann jedoch nicht mehr, war aber auch nicht im Wachzustand. Es war jedenfalls höchst eigenartig: Um mich herum war alles unglaublich dunkel und still. Ich schlief auch nicht. Denn dann hätte ich ja nichts wahrgenommen. Ich träumte auch nicht. Denn Träume kann man ja erst dann richtig wiedererkennen, wenn man aus dem Schlaf erwacht. Ich aber merkte genau, dass ich nicht schlief. Es war für mich als Arzt jedenfalls ein unglaubliches Phänomen:
*Ich war nicht im Wachzustand, befand mich aber auch nicht im Schlaf. Offenbar nahm ich meine Situation voll und ganz wahr, hatte für das menschliche Dasein **aber zugleich keinerlei bewusste Wahrnehmung**.*
Das war für mich gespenstisch, denn als medizinisch-wissenschaftlich ausgebildeter Fachmann konnte ich mir – schlicht und einfach ausgedrückt – aus meinem Zustand „keinen Reim" machen.
Wie ich erst später erfuhr, befand ich mich – klinisch – während dieser gesamten Zeit in tiefster Bewusstlosigkeit. Zugleich nahm ich aber trotzdem genau wahr, dass ich von absoluter Dunkelheit und Stille umgeben war. Verbinde ich diese Feststellung mit dem – später erfahrenen – irdischen Tatbestand meiner Bewusstlosigkeit, so ergibt sich für mich folgende Erkenntnis:
Aus diesseitig-irdischer Sicht war ich bewusstlos. Die trotzdem erfolgte Wahrnehmung musste sich zwingend auf eine andere Welt beziehen. Es konnte und kann sich eindeutig nur auf das Jenseits beziehen, das ich bis dahin überhaupt nicht für möglich und tatsächlich vorhanden gehalten hatte. Um irgendeinen Traum konnte es sich auch nicht handeln. Denn während man sich beim Traum erst nach dem Aufwachen an oft

nur einige wenige Trauminhalte erinnert, nahm ich in dieser Situation alles klar und deutlich wahr, was ich erlebte.
Ganz einfach möchte ich es so ausdrücken:
Für das Diesseits war ich bewusstlos, für das Jenseits war ich hellwach.
Und in diesem Zustand befand ich mich in völliger Dunkelheit und totaler Stille. Ich dachte nach, ob ich wohl tot sei. Aber wenn ich tot wäre, wie könnte ich dann trotzdem denken und Dunkelheit wie Stille wahrnehmen? Ich versuchte, mich an Schwerpunkte meines Lebens zu erinnern. So dachte ich an meinen Bildungs- und Werdegang, an meine Familie, an meine berufliche Tätigkeit, an die Vorträge und an den Ärger, der mich eigentlich erst zu meinem übertriebenen Dauerlauf und zu meinem Zusammenbruch gebracht hatte. Ich fing auch an, Wichtiges von Unwichtigem in meinem bisherigen Leben zu unterscheiden. Was ich bisher für unglaublich wichtig gehalten hatte, verlor an Bedeutung, ebenso meine Wut über unbedachte Bemerkungen eines meiner Zuhörer. Wieso war es das wert, sich über etwas aufzuregen, das im tatsächlichen Angesicht des Todes in Wirklichkeit eine Belanglosigkeit ist?
*Bei all diesen Gedanken, die mir in der Finsternis und Lautlosigkeit kamen, wurde ich regelrecht **gelassen**. Und das war – so wie ich mich einschätzte – ein kaum denkbarer Wesenszug! Warum kam ich erst jetzt dazu?*
Während ich in dieser lautlosen Nacht mit meinen Gedanken beschäftigt war, hatte ich den Eindruck, als würde es allmählich etwas heller werden. Und ich hatte mich nicht getäuscht:
Vor mir tauchte eine überaus liebenswürdige Persönlichkeit auf, die ich in meinem ganzen Leben noch nie kennen

gelernt hatte. Ich nahm meinen Mut zusammen und sprach sie an:
"Bitte entschuldigen Sie. Habe ich Sie schon einmal gesehen?"
"Nein. Bisher noch nicht. Trotzdem begleite ich Sie schon Ihr ganzes Leben lang."
"Wie ist denn so etwas überhaupt möglich?"
"Ich bin ein geistiges Wesen, aber kein Mensch."
"Dann wissen Sie ja sicher auch über mein Leben Bescheid."
"Ja."
"Und wie beurteilen Sie es?"
"Sie haben manch Gutes getan. Es gab aber auch sehr viel, das nicht so ideal war. In Ihrem weiteren Leben sollten Sie das ändern."
"Was denn?"
"Ihre Gier nach Geld und übertriebener Ehre."
"Aber ohne Geld geht es doch nicht."
"Es gibt einen Unterschied zwischen ‚notwendig' und ‚zu viel'."
"Und was ist das?"
"Alles, was für Ihre Arbeit, für Sie und Ihre Familie nötig ist und was Sie auch für andere brauchen."
"Wieso für andere?"
"Sie kennen doch sicher auch Menschen, denen es nicht so gut geht wie Ihnen. Wie wäre es, wenn Sie auch für sie etwas übrig hätten?"
"Hm! Daran habe ich noch nicht gedacht."
"Dann könnten Sie es ja zukünftig tun."
"Sie sagen: zukünftig. Bedeutet das – ich kehre in mein Leben zurück?"
"Ja."

Dauerlauf eines Arztes

„Bin ich denn nicht tot?"
„Nein. Die Ärzte werden Sie heilen."
„Wo sind wir denn hier?"
„An der Grenze zum jenseitigen Leben."
„Gibt es denn so etwas?"
„Ja."
„Und was ist das?"
„Nach dem irdischen Tod leben die Menschen geistig, also ohne Körper, weiter."
„Ist das denn überhaupt möglich? Ohne Körper zu leben, stelle ich mir völlig unmöglich vor."
„Es stimmt aber. Der geistige Mensch nimmt Denken, Empfinden und Wollen mit."
„Mehr nicht? Das ist aber nicht viel."
„Doch. Damit gestaltet der Mensch auch sein irdisches Leben."
„Aber doch auch noch mehr."
„Ja. Aber das hängt mit seinem irdischen Körper zusammen. Und den braucht der geistige Mensch im Jenseits nicht mehr."
„Sie sprechen vom Jenseits. Gibt es dann auch so etwas wie Gott?"
„Es gibt Gott als das höchste Wesen überhaupt."
„Und wie muss ich mich verhalten, um diesem höchsten Wesen nicht zu missfallen?"
„Sie sollten sich um bestmögliche Zuneigung zum höchsten Wesen bemühen. Das gilt auch für Ihre mitmenschliche Einstellung."
„Das klingt ja direkt nach Gottes- und Nächstenliebe. So haben wir es mal als Kinder gelernt."
„Und was soll daran falsch sein?"
„Ja, aber jetzt als Erwachsener und Akademiker?"

"Sie sind aber trotzdem ein Mensch. Und das bleiben Sie auch."
Damit endete das Gespräch. Und es wurde wieder dunkel. Über diesen Dialog musste ich noch lange nachdenken. Besonders über die zwei letzten Sätze. Wäre dieses Gespräch eine Art rhetorischer Zweikampf gewesen, so hätten gerade diese zwei Sätze es in sich gehabt. Die saßen und hatten eindeutig „den Nagel auf den Kopf getroffen". Ich fühlte mich plötzlich nicht mehr als hochstudierten Akademiker und gelehrten Facharzt, sondern als eine Art kleinen Jungen, dem der Lehrer eine Lektion erteilt hat.
Indem ich noch weiter über dieses Zwiegespräch nachdachte, verlor sich mehr und mehr meine Aufmerksamkeit.
Erst nach Tagen erwachte ich auf der Überwachungsstation und erfuhr von meiner tagelangen Bewusstlosigkeit im Anschluss an einen schweren Herzinfarkt. Aber an alle Erlebnisse in unmittelbarer Todesnähe konnte und kann ich mich in allen Einzelheiten ganz genau erinnern.

Sowohl Dr. Peter G.s Familie als auch seine unmittelbare und entferntere Umgebung erstaunten über seine völlig veränderte Wesensart:
Während er früher bei jeder passenden und unpassenden Gelegenheit seinen Status als Doktor und hochspezialisierten Kardiologen zum Besten gegeben hatte, hörte niemand mehr etwas von diesen geistigen Höhenflügen. Er war zwar nach wie vor ein hochqualifizierter Herz-Kreislauf-Spezialist und leistete in seiner Praxis auch weiterhin Enormes. Ebenso hielt er auch weiterhin – allerdings nicht mehr so häufig – Fachvorträge, die hohe Beachtung fanden.
Doch jetzt war er wie umgewandelt. Er war einfach Mensch und gab sich auch tatsächlich menschlich. Bemerkenswert

war auch, dass er sich auf einmal für ein religiöses Leben interessierte. Ebenso fiel auf, dass er in aller Stille bedürftigen Menschen half und manchen Geldbetrag für wohltätige Zwecke stiftete – am liebsten aber so, dass es kaum jemand merkte.

Gerade bei diesem Nahtoderlebnis schließt der Patient Dr. Peter G. von sich aus bereits jede Art von eventuellen **Traumvorstellungen** eindeutig aus und begründet das auch in seinem Bericht stichhaltig:

Traumbilder könne man erst nach dem Erwachen aus dem Schlaf erkennen, allerdings dann auch nur in Bruchstücken. Hier aber habe er sich nach seinem klaren Eindruck **nicht im Schlaf** befunden, sondern alles unmittelbar wahrgenommen, und zwar – zunächst – die absolute Dunkelheit und ebenso die absolute Stille. Zusätzlich erinnerte er sich später **in allen Einzelheiten an sein Nahtoderlebnis** und nicht – wie beim Traum üblich – in Bruchstücken.

Hinzu kommt schließlich auch hier wieder – wie früher schon festgestellt – der Hinweis auf künftige Vorkommnisse oder wünschenswerte Lebenseinstellungen (wie Weiterleben und humanere Lebensweise). Sie hätten im Traum nicht vorkommen können, da sie vorab im Gedächtnis ja noch nicht eingespeichert gewesen waren.

Ebenso scheiden auch **halluzinatorische Trugbilder** aus. Dass bei diesem Facharzt zudem von **keinerlei Geistesstörungen** ausgegangen werden kann, ergibt sich unschwer aus der Beschreibung seines Persönlichkeitsbildes.

Somit ist der Bericht über sein Nahtoderlebnis als Phänomen aus einer nicht irdisch erklärlichen Wirklichkeit, also einer anderen Welt, zu verstehen.

Gerade auch aus der Beschreibung dieses medizinisch-wissenschaftlich hochgebildeten Experten ergibt sich eine höchst

bemerkenswerte Feststellung zu den Besonderheiten seiner geistigen Wahrnehmungsfähigkeit:
Er unterschied einerseits zwar leichtverständlich in **Wachzustand – Schlafzustand – Bewusstlosigkeit.**
Die geistige Aufnahmefähigkeit während der **Bewusstlosigkeit** trennte er andererseits jedoch in **zwei Feststellungen:**
Nach seiner Erkenntnis war er während seiner irdischen Bewusstlosigkeit **geistig nur für das Diesseits bewusstlos, für das Jenseits aber hellwach!**
Er beschrieb und begründete dieses nicht leicht zu verstehende Phänomen anhand seiner klar gewonnenen Eindrücke. Dies ist umso bemerkenswerter, als er zunächst selbst eine jenseitige Welt nicht für möglich gehalten und dem Glauben daran ablehnend gegenübergestanden hatte. Und das auch noch als medizinisch hochqualifizierter Facharzt und zudem – wie er es selbst schilderte – in Besonnenheit und gelassener Gemütsstimmung.
Gerade diese durch einen kritischen Mediziner gewonnene Feststellung und Erkenntnis bestätigt zusätzlich die Richtigkeit und Stichhaltigkeit der Echtheit von **Nahtoderlebnissen.** Dies gilt namentlich bei der Einschätzung der irdischen Bewusstlosigkeit: **diesseitig bewusstlos, jenseitig hellwach!**
Auch in diesem Nahtoderlebnis wird der **irdische Tod wieder als Trennung des Körpers vom geistigen Menschen** charakterisiert, wobei der geistige Mensch im Gegensatz zum Körper weiterlebt.
Die **Existenzfunktionen** dieses **geistigen Menschen** sind **Denken – Empfinden – Wollen.**
Auf den geringschätzigen Einwand, dies sei aber zu wenig, antwortete der jenseitige Gesprächspartner, diese Funktionen

Dauerlauf eines Arztes 113

würden ja auch im irdischen Leben die Hauptantriebskräfte sein. Alles, was im irdischen Leben darüber hinausginge, sei rein körperlich bedingt und im Jenseits nach Wegfall des Körpers überflüssig und entbehrlich.
Ebenso wie bei dem Nahtoderlebnis **Herzinfarkt eines Politikers** begegnet dem Nahtodpatienten auch hier ein rein geistiges Wesen, das sich als ständiger Begleiter zu erkennen gibt. Auf Nachfrage beurteilt dieser Begleiter in einfachen, aber klaren Worten das Lebensverhalten des Arztes. Die dadurch zum Ausdruck gekommene Kritik konzentriert sich auf die Negativtendenzen: **Geldgier und Ehrsucht.**
Doch wann fangen diese Tendenzen erst an, **negativ** zu werden?
Geld und **Ehre** sind für sich allein nicht verwerflich, wenn sie im menschlichen Rahmen bleiben. Den erwünschten Korrekturrahmen charakterisierte der geistige Begleiter dabei ebenso klar und deutlich: Er sah ihn im **Unterschied zwischen notwendig und zu viel.**
Was für einen Menschen **nötig** ist, kann er durchaus anstreben. Es steht ihm zu, ohne dass es ihm verübelt werden könnte. Daraus ergibt sich, was dieser Arzt in seinem Leben insgesamt braucht und wie er weiterhin seine Lebensweise gestalten soll.
Notwendig ist demnach das, was jemand zur Erfüllung seiner Verpflichtungen *benötigt.* Das gilt ebenso **für ihn, für seine Familie** und **Angehörigen,** aber auch **für andere Menschen.**
Der Gedanke, auch für andere etwas übrigzuhaben, versetzte den Arzt in Erstaunen. Sein geistiger Begleiter verwies ihn daher mit knappen, aber treffenden Hinweisen auch auf bedürftige Menschen.
Der Dialogpartner stellte ihm dann sein irdisches Weiterleben

in Aussicht und erklärte ihm seine momentane Situation an der Grenze zum Jenseits. Das veranlasste den Arzt zur Folgefrage, ob es denn dann auch *„so etwas wie Gott"* gebe. Diese Frage bejahte sein Begleiter und ergänzte die Antwort mit dem Hinweis, wie man das irdische Leben gestalten solle, nämlich **mit bestmöglicher Zuneigung zum höchsten Wesen, also Gott, und zu seinen Mitmenschen.**

Der Arzt brachte diesen Hinweis **mit Gottes- und Nächstenliebe** zwar auf den Punkt, bespöttelte das aber als eine Art *Kinderkram*. Dafür wurde er in seiner *Überheblichkeit und Arroganz* von seinem Gesprächspartner aber augenblicklich zurechtgewiesen:

Auch wenn man *noch so erwachsen* und *noch so gescheit und studiert* sein mag, so sollte man trotzdem *Mensch sein und das auch bleiben!*

Sinneswandel eines Kabarettisten

Der Auftritt in einem Studentenkabarett hatte es Wolfram E. auf Anhieb angetan. Das war ihm zehnmal lieber als das mühsame Studium u. a. von Sprachwissenschaft, Phonetik usw., womit er sich in einem unteren Semester des Germanistikstudiums befassen sollte. Doch sein Vater hatte so sehr darum gebeten und darauf bestanden, dass er schließlich einwilligte und in die Fußstapfen seines Vaters trat. Der Vater – ein in Ehren ergrauter Gymnasiallehrer – wünschte sich den einzigen Sohn als eine Art germanistischen Lied- und Dichtkünstler. Deshalb hatte er ihm auch zum Andenken an den berühmten Dichter und *Urmeistersinger* den Namen *Wolfram* gegeben.
Zunächst kam der Student Wolfram E. gut damit an, verschiedene Hochschullehrer zu karikieren und verächtlich zu machen. Doch je mehr Gejohle und Gelächter er erntete, umso wilder wurden seine Ausfälle gegen Mitstudenten, Professoren, Hochschulregeln und überhaupt gegen jegliche Bereitschaft, zu studieren und irgendwann auch zu arbeiten.
Diese seltsame Art, sein Studium zu betreiben, blieb natürlich auch seinem Vater nicht verborgen, der seinen Sohn zunächst ermahnte und ihm schließlich zu verstehen gab, ein derartiges Trödelstudium nicht mehr zu unterstützen. Doch sein Sohn vermutete schon bald, dass man auch ohne ein mühsames Studium mit Kabarett und Klamauk viel mehr Geld und vor allem auch einfacher und mit viel mehr Spaß verdienen könne. Und deshalb missachtete er auch bald die Vorstellungen seines Vaters und verzichtete auf dessen Studienunterstützung. Sein Vater – und erst recht seine Mutter – litten

sehr unter diesem Verhalten ihres Sohnes. Auch der elterliche Wunsch, Wolfram möge doch zuerst sein Studium zum Abschluss führen, brachte keinen Erfolg. Er wollte unnachgiebig auf der Fährte des – wie er meinte – immerwährenden Erfolgs kabarettistischer Auftritte bleiben.
So brach er auf der Welle seiner Erfolge das Studium ab und ging auf Tournee. Und schon bald witzelte er, die Einnahmen eines richtigen Kabarettabends brächten mitunter mehr als das Gehalt eines *"spießigen Paukers"*.
Schließlich besorgte er sich einen Agenten, dem aber weniger an der Organisation seiner Auftritte und an deren Erfolg gelegen war als vielmehr am zunächst leicht verdienten Geld. Als Wolfram E. das merkte und nach einem neuen Veranstaltungsmanager suchte, steckte er in Schulden. Sein Agent hatte sich mit viel Geld *"in Sicherheit gebracht"* und war nicht mehr zu belangen.
Also mussten seine Auftritte noch *explosiver* werden: Er blieb daher nicht mehr auf dem Boden der ursprünglichen Gesellschaftskritik, sondern brach mit jeder Art von Tabu:
Die ekelhaftesten Zoten, herabwürdigendsten Bemerkungen über Menschen mit Behinderungen, hämische Gehässigkeiten über Arme in unverschuldeter Not bis hin zu widerlichsten Witzeleien über Religion und religiöse Werte waren ihm für seine Auftritte gerade gut genug.
Seine Eltern schämten sich – im wahrsten Sinne des Wortes – zu Tode: In kurzer Zeit starben hintereinander zuerst sein Vater und bald darauf auch seine Mutter. Wolfram E. beeindruckte das aber nur minimal. Er ätzte und stänkerte weiter. Auch angerufene Gerichte waren durchweg machtlos. Denn unter dem hier sicher zweifelhaften *Schutzmantel der Kunst* konnte man auch die böswilligsten Ausfälligkeiten unterbringen. Normalerweise würde man annehmen, *der gute*

Geschmack einer Gesellschaft würde so etwas wohl schon von selbst regeln. Bedauerlicherweise ließ dieser Geschmack meistens aber zu wünschen übrig.

Rein äußerlich schien Wolfram E. sich im Glanz seiner Auftritte zu sonnen und wohlzufühlen. In Wirklichkeit nervten ihn aber doch die Attacken, mit denen ihn Kritiker, aber auch Juristen, zuweilen konfrontierten. Auch die Reisen durch Deutschland und die vielen Hotelaufenthalte strapazierten seine Nerven. Um durchschlafen zu können, nahm er Schlaftabletten. Deren Dosierung und Anzahl musste er im Laufe der Zeit steigern. Zugleich griff er wiederholt zur Flasche. Seine Ärzte zeigten sich besorgt. Doch er setzte sich über deren Vorhaltungen genauso hinweg wie seinerzeit über die Ermahnungen seines Vaters.

So hatte er eines Abends wieder seinen großen Auftritt, sprach im Anschluss mit Freunden dem Alkohol zu, fand danach aber nicht in den Schlaf. Daher beauftragte er den Weckdienst des Hotels, ihn am Morgen zu wecken, und nahm wieder Schlaftabletten.

Der Weckdienst versuchte dann jedoch vergeblich, ihn zu wecken. Er reagierte nicht. Daher schaute man nach ihm und erkannte, dass er überhaupt nicht ansprechbar war.

Der alarmierte Rettungsdienst brachte ihn nach der ärztlichen Notversorgung ins nächste Krankenhaus. Dort wurde alles unternommen, um ihn zu retten. Die Ärzte stellten aber auch fest, dass er mit dem höchst gefährlichen Gemisch von Alkohol und Schlafmitteln hart am Exitus bzw. Tod vorbeigekommen war.

Erst viel später erklärte sich Wolfram E. bereit, über sein Nahtoderlebnis Folgendes zu berichten:

Nach dem Gelage in der Hotelbar fand ich nur mühsam in mein Hotelzimmer. Ich beauftragte noch den Weckdienst und schluckte Schlaftabletten, um einigermaßen schlafen zu können. Dann war ich weg und kann mich zunächst an nichts mehr erinnern.
Schließlich spürte ich wie von ganz weit weg und äußerst schwach, wie man mich schüttelte, mehr aber auch nicht.
Dann muss ich endgültig die Besinnung verloren haben. Jedenfalls kann ich mich während dieser mutmaßlichen Zeit an nichts mehr erinnern. Wie mir später von den behandelnden Ärzten gesagt wurde, muss ich doch längere Zeit bewusstlos gewesen sein.
Eigenartigerweise hatte ich irgendwann den Eindruck, als befände ich mich in tiefster Dunkelheit. Diese absolute Finsternis konnte ich gleichsam wahrnehmen. Ebenso hörte ich nichts. Zunächst vermutete ich mich im Traum. Doch an einen Traum erinnert man sich ja erst, nachdem man aus dem Schlaf erwacht ist. Hier aber war ich geradezu davon überzeugt, Dunkelheit und Stille regelrecht – und keineswegs im Traum – wahrzunehmen und gleichsam zu spüren. Aber seltsam: War ich denn nun ohne Bewusstsein oder nicht? Und warum erblickte ich nicht mein Hotelzimmer und warum sah ich niemand? Dass ich mittlerweile natürlich längst im Krankenhaus war, wusste ich ja zu dieser Zeit noch nicht. **Später** *– als ich die Einzelheiten der Rettungsmaßnahmen erfahren hatte – fragte ich mich, wieso ich trotz der Wahrnehmung von Dunkelheit und Stille nicht auch das Geschehen auf der Intensivstation hatte erkennen können. Und dass ich* **zu dieser Zeit** *eine ganz bestimmte und erkennbare Wahrnehmung hatte, steht für mich unzweifelhaft fest.*
Und so ging es auch weiter: Nachdem ich in der völlig lautlosen Finsternis eine mit Sicherheit lange Zeit mit allerlei

seltsamen Gedanken und sehr viel Grübelei zugebracht hatte, erblickte ich irgendwann, wie sich in einem allmählich zunehmenden Dämmerlicht zwei menschenähnliche Gestalten aus großer Entfernung zu nähern schienen. Das Dämmerlicht nahm zu, als stünde eine Art Sonnenaufgang bevor. Ebenso wurden die menschlichen Gestalten größer und irgendwie auch erkennbar. Ich gebe unumwunden zu, dass ich unglaublich darauf gespannt war, wer sich denn da wohl nähere.

Und dann war ich in einem Ausmaß überrascht, wie ich es in meinem ganzen Leben, auch während meiner wirklich nicht überraschungsarmen Kabarettistenzeit, noch nicht erlebt hatte:

Meine schon vor einiger Zeit verstorbenen Eltern kamen direkt auf mich zu. Tatsächlich – es waren mein Vater und meine Mutter, daran bestand kein Zweifel!

„Seid ihr es wirklich, Mama und Papa? Ihr beide seid hier? Das ist doch unglaublich." So redete ich sie an, als sie nahe genug bei mir waren.

„Da staunst du, Wolfi", erwiderte mein Vater und benutzte wie immer meinen Kosenamen. Und Mama lächelte mich an und nickte mir bejahend zu.

„Aber ihr seid doch schon seit einiger Zeit tot. Wie kommt es denn, dass ich euch beide hier wohlbehalten wiedersehe, als würdet ihr noch leben?"

„Weil wir ja auch noch leben."

Jetzt war ich aber wirklich sprachlos. Und das wollte bei meinem Redetalent schon was heißen.

„Das verstehe ich nicht. Ich war doch bei euren Beerdigungen dabei. Oder träume ich das etwa nur?"

„Nein, Wolfi, das träumst du nicht. Wir leben als geistige Menschen weiter – in der jenseitigen Welt."

„Was ist das denn? Ist das etwa das Jenseits, wovon manchmal geredet wird?"
„Richtig!"
„Und so etwas gibt es tatsächlich?"
„Ja, das gibt es tatsächlich."
Hier schaltete sich auch meine Mama ein, die sonst meistens meinem Papa die Wortführung überließ, ohne dass sie deshalb je beleidigt gewesen wäre. Das war offensichtlich auch jetzt nicht anders. Sie ergänzte lediglich:
„Wir leben nun beide im Jenseits und sind glücklich."
„Wie ist es denn da so im Jenseits?"
„Unbeschreiblich schön. Wir sind beide in der Glücksgemeinschaft mit dem höchsten Wesen. Irdisch sagt man auch **Gott**. Nur ich habe noch einige Aufgaben. Ich passe nämlich auf manche Menschen auf, die nicht immer menschenfreundlich sind."
„Ist das etwas wie jenseitige Bewährung?"
„Stimmt. Man kann auch sagen: **Bewährung für das Jenseits**."
„Und was sollst du da tun?"
„Aufpassen soll ich auf Menschen, die auf andere keine Rücksicht nehmen. So wie du."
„Und wie erklärst du das diesen Menschen?"
„Durch die **innere Stimme**, wenn sie darauf hören. Oder auch äußere Geschehnisse, wenn diese Menschen bereit sind, sich dadurch leiten zu lassen."
„Und wenn sich jemand nicht leiten lässt?"
„Dann entfernt er sich vom höchsten Wesen und der Glücksgemeinschaft. Die wichtigste Voraussetzung dafür ist die uneingeschränkte Zuneigung zu Gott und den Menschen, also zu allen und allem, was das höchste Wesen hat werden lassen."

„Und du sollst auch auf mich aufpassen?"
„Richtig! Denn das, was du sagst und tust, ist lieblos und gehässig."
„Wieso? Das ist doch eben Kabarett."
„Kabarett mag lustig und kritisch sein. Aber es darf nicht gehässig und bösartig sein. Denn das beleidigt und verletzt andere Menschen."
„Aber nur das kommt doch an."
„Das meinst du so. Damit hast du vielleicht kurzfristig Aufmerksamkeit, aber nicht auf Dauer. Und dann geht es bergab. Du hast ja jetzt schon erlebt, wie sehr man dich anfeindet."
„Und was empfiehlst du?"
„Kabarett kann kritisieren. Aber du darfst die persönlichsten und intimsten Werte nicht durch den Schmutz ziehen! Du darfst auch niemand verletzen, der sich nicht wehren kann."
„Aber dann bin ich doch nicht mehr interessant."
„Eher im Gegenteil. Wenn du auf Schmutz und Gehässigkeiten verzichtest und dafür deine kritischen Pointen besser überlegst, dann wird aus billigen Witzen echter Humor."
Hier nickte auch wieder meine Mama mit dem Kopf. Denn sie hatte immer feinsinnigen Humor gemocht.
„Außerdem", fuhr Papa mit seinem Gespräch fort, „wirst du dann gute Kritiken bekommen. Und das Fernsehen wird sich für dich interessieren."
„Und wenn es nicht so ist?"
„Es wird aber so sein. Außerdem würde ich mich melden."
„Du meinst – durch die **innere Stimme**."
„Ja."
„Und wenn das nicht gelingt?"
„Es gelingt, wenn du mehr nachdenkst und weniger zur Flasche greifst und – vor allem – auf Schlafmittel und Ähnliches verzichtest."

„Woher weißt du das denn alles so bestimmt?"
„Als geistige Menschen können wir in die Zukunft schauen."
Auch hier nickte meine Mutter wieder zustimmend. Es musste also tatsächlich so sein. Denn meine Eltern hatten mich noch nie belogen.
„Soll ich denn sonst noch was beachten?"
„Ja. Denk auch an dein Alter und sei hilfsbereit."
Unmittelbar nach diesen Worten waren meine Eltern nicht mehr zu sehen.
Und um mich herum wurde es dämmrig, neblig und schließlich umgab mich wieder stille Dunkelheit.
Nun dachte ich über das gerade Erlebte nach. Der Eindruck war so überwältigend und grandios, dass ich auch nicht den geringsten Zweifel an der Echtheit dieser Begegnung und des Gesprächs mit meinen verstorbenen Eltern hatte. Das alles war eindeutig und klar. Da gab es keinen Irrtum!
Und für mich gab es auch nicht den geringsten Grund, den Inhalt des Gesprächs mit meinen Eltern in Frage zu stellen. Dasselbe galt mit Sicherheit auch für all das, was mir von meinem Vater und meiner Mutter vorausgesagt worden war. Während ich noch eine Weile über dieses überwältigende Erlebnis nachdachte, merkte ich, wie ich mehr und mehr die Besinnung verlor.

Nach seiner Genesung setzte Wolfram E. seine Kabarettauftritte fort, aber in völlig anderer Form:
Er verzichtete auf Zoten, Gehässigkeiten und Anfeindungen. Stattdessen waren seine Äußerungen bei aller inhaltlichen Kritik mit weitaus mehr humoristischer *Würze* erfüllt. Statt der befürchteten Einbußen an Besuchern seiner Auftritte geschah das Gegenteil: Seine Veranstaltungen waren stets

ausverkauft. Außerdem hatte er zumeist positive Kritiken. So hatte es ihm sein Vater auch vorausgesagt.
Als sich dann auch das Fernsehen bei ihm meldete und etliche seiner Auftritte – auch auf Dauer – aufnahm und erfolgreich ausstrahlte, war er von den Prophezeiungen seiner Eltern restlos überzeugt. Er war sich auch dessen sicher, dass sein Vater ihn bei seiner Arbeit und seinen Auftritten begleiten würde. Umso mehr bemühte er sich um ein Verhalten, das seinen Eltern gefallen würde. Ebenso setzte er sich ganz enorm für Menschen in Not ein. Das kam in der Öffentlichkeit zwar sehr gut an, aber Wolfram E. tat dies nicht deshalb, sondern um einer während seines Nahtoderlebnisses gewonnenen inneren Überzeugung willen.
Auch bei dieser Vision stellt sich wieder die Frage nach einem möglichen **Traum**, einer **Halluzination** oder einem durch eine geistige Störung hervorgerufenen **Trugbild**. Aber alle diese eventuell vermutbaren *Fehleindrücke* können leicht widerlegt werden:
Denn **erstens** erkennt und begründet der Nahtodpatient auch selbst schon, dass es sich bei diesem Erlebnis um tatsächlich wahrgenommene Eindrücke handeln musste, die er unmittelbar wahrnahm und nicht etwa im Anschluss an einen Traum bruchstückhaft nachvollzog. Er konnte auch sorgfältig den Wahrnehmungscharakter in einer *anderen Welt* erkennen.
Eine daraufhin eventuell vorzuhaltende geistige Störung und ein dadurch bedingtes Trugbild scheiden jedoch durch die exakt gewonnenen Erlebniseindrücke aus. Dies begründet sich vor allem durch die im folgenden, also dem **zweiten** Beweispunkt dargelegten Tatsachen: Denn hier werden ganz genaue Hinweise mit **eindeutigem Zukunftscharakter** gegeben, die *weder im Traum noch in einem Trugbild im*

Zusammenhang mit einer geistigen Störung vermittelt werden würden. Und gerade diese detaillierten Mitteilungen richteten sich auf **Geschehnisse**, die sich **in baldiger Zukunft** genauso verwirklichten, wie sie geäußert worden waren.

Aus diesen Begründungen ist unzweifelhaft abzuleiten, dass es sich hier um ein **echtes Nahtoderlebnis mit wichtigen Äußerungen und Mitteilungen aus der jenseitigen Welt *in unmittelbarem Zukunftsbezug*** handelte.

Was Wolfram E. im Anschluss an sein Nahtoderlebnis berichtete, lässt keinerlei Deutung in Richtung auf ein *Fantasiegebilde* zu, sondern gibt völlig realistische Inhalte wieder, als hätte er sie mit rein irdischem Hintergrund und in rein diesseitiger Realität wahrgenommen. Allerdings geht aus diesem Erlebnis auch hervor, dass sich hier **Diesseits und Jenseits** unmittelbar begegnen. Daraus lassen sich – ähnlich wie auch aus früheren Nahtoderlebnissen – folgende Erkenntnisse ableiten:

Zunächst einmal ist der **irdische Tod *kein endgültiges Ende*** des betreffenden Menschen. Das gilt in diesem Fall sogar in doppelter Hinsicht bezüglich beider vor einiger Zeit schon verstorbener Eltern des Nahtodpatienten. Wie sie ihrem skeptischen Sohn gegenüber übereinstimmend bestätigen, leben sie nach dem *körperlichen Tod* als **geistige Menschen** in einer anderen Welt weiter.

Aber auch diese Welt charakterisieren sie eindeutig als **jenseitige Welt** bzw. als **Jenseits** und damit als eine **Lebensexistenz**, die sich vom diesseitigen Leben vollständig unterscheidet. Auch hier bestätigen die verstorbenen Eltern ihrem höchst kritischen Sohn Wolfram E., dem vom Nahtoderlebnis Berichtenden, dass sie in der jenseitigen Welt glücklich sind und dass das Leben dort unbeschreiblich schön ist.

Ja mehr noch! Sie belassen es nicht nur bei einer allgemeinen Skizzierung, sondern stellen auch spezielle Inhalte des Lebens im *Jenseits* dar.

Danach vollzieht sich das Leben in der jenseitigen Welt in der **Glücksgemeinschaft.** Wie die Bezeichnung schon ausdrückt, ist es ein Leben in wahrem Glück und vor allem in unmittelbarer Gemeinschaft mit **dem höchsten Wesen,** also mit **Gott.**

Zugleich werden auch in einfacher und leicht einsichtiger Charakterisierung die Hauptkriterien benannt, die den Eingang in diese Glücksgemeinschaft bedingen:

Uneingeschränkte Zuneigung zu Gott und den Menschen und – noch erweitert – **zu allen und allem, was das höchste Wesen hat werden lassen.**

Damit werden die *Zugangskriterien für die Glücksgemeinschaft* in umfassender Weise umschrieben.

In diesem Zusammenhang wird auch angesprochen, dass sich jemand von dieser Glücksgemeinschaft und vom höchsten Wesen **entfernt,** wer die **uneingeschränkte Zuneigung zu Gott und den Menschen** missachtet. In konsequent erweiterter Form bedeutet dies den Hinweis auf die jenseitige Existenz **in der Gottesferne** gleichsam als Abkehr von der *Glücksgemeinschaft.*

Aus dem Dialog an der Grenze zum Jenseits geht auch hervor, dass es das Phänomen einer Art **Bewährung für das Jenseits** gibt. Dies hat einen doppelten Sinn: Wer für die uneingeschränkte Teilnahme an der Glücksgemeinschaft noch nicht vollkommen – *nach irdisch-anschaulichen Maßstäben noch nicht reif* – genug ist, erhält die Gelegenheit, sich gleichsam zu bewähren und **dabei Menschen zu helfen,** die in ihrem irdischen Leben diese Hilfe brauchen. Und gerade das geschieht nicht in absoluter Realitätslosigkeit, sondern in lebensechter Verbindung von **Jenseits und Diesseits.** Hier zeigt sich wieder die unmittelbare Verbindung *der jenseitigen mit der diesseitigen Welt.* Natürlich nehmen wir dies im irdisch-diesseitigen Leben nicht wahr. Aber es geht aus der gedanklich-exakten Gesamtfeststellung und Ergebnisschlussfolgerung auch aus diesem Nahtoderlebnis hervor. Diese Folgerung wird übrigens auch durch die Ergebnisaussagen aus vielen anderen Nahtoderlebnissen in gleicher Weise unterstützt.

Diese Verbindung von ***Jenseits und Diesseits*** vollzieht sich nach den erfolgten Aussagen offenbar tatsächlich wirklichkeitsnäher, als wir es ahnen und annehmen. Natürlich geschieht dies nicht mit einem großen Aufsehen, sondern in aller Stille, aber trotzdem effektiv. Voraussetzung dafür ist aber, dass wir irdischen Menschen auf diese Mitteilung aus der jenseitigen Welt eingehen.

Als Möglichkeiten gleichsam der **„Kommunikation"** zwischen beiden Welten wurden die Wahrnehmung und Beachtung **der Umstände äußerer Geschehnisse** und **der inneren Stimme** angesehen und gewertet. Das setzt natürlich voraus, dass man als Mensch auch bereit ist, zumindest diese Möglichkeiten zu berücksichtigen und nach ernsthafter Prüfung auch zu beachten. Und dazu ist es wieder erforderlich, zumindest zeitweise innezuhalten und nachzudenken. Wer dauernd in Hetzjagd und Hektik verbringt und sich ununterbrochen von ihnen treiben lässt, kommt nicht zur Wahrnehmung dieser wichtigen **Hinweise aus dem Jenseits.** Und gerade sie sind durchweg wichtiger als die beständige Reaktion auf *von außen aufgezwungene Hektik*, die häufig nur mit *viel Getöse und wenig Inhalt* einhergeht.

Dabei sollte man sich darüber im Klaren sein, dass eine solche ***Führung guter geistiger Wesen aus dem Jenseits***

Sinneswandel eines Kabarettisten 127

nichts Böses und Übles beabsichtigt, sondern nur das Beste für uns will und gleichsam vorschlägt. Nur – wir müssen das auch beachten und tun!
Im Lauf der Weltgeschichte hat es – nach historischen Ergebnissen – genug höchst realistische Mitteilungen über die Bedeutung **der Umstände** und vor allem **der inneren Stimme** gegeben. (Man denke nur an Gewaltherrscher aus der Antike wie etwa *Caligula* und *Nero* bis in die Neuzeit/Gegenwart mit *Hitler* und *Saddam Hussein* etc.)
Wären diese jenseitigen Hinweise auch nur ansatzweise beachtet worden, so wäre unendlich viel Leid und Elend vermieden worden. Und die betreffenden Menschen hätten sich auch selbst vor eigenem Unheil bewahrt.
Die gewissenhafte und sorgfältige Beachtung dieser ***Kommunikationsmöglichkeiten aus dem Jenseits*** hat übrigens nichts mit Wahrsagerei und Sterndeuterei zu tun. Die geistigen Wesen aus dem Jenseits brauchen keine *esoterischen Hilfsmittel*. Sie teilen sich und ihre Botschaften unmittelbar mit.
Schließlich zeigt sich auch in der Schlussfolgerung aus diesem Nahtoderlebnis, dass geistige Menschen und Wesen im Jenseits klar und deutlich in die Zukunft schauen können und *künftige Ereignisse* treffsicher und genau **voraussagen**, also **prophezeien** können. Wolfram E.s Vater sagte seinem Sohn exakt voraus, dass er bei Verzicht auf Gehässigkeiten und Abfälligkeiten *einerseits gute Kritiken* und *andererseits Fernsehangebote* erhalten würde. Und beide Voraussagen erfüllten sich innerhalb kurzer Zeit. Sie konnten also nicht auf *reiner Vermutung* basieren. Denn dazu sind journalistische Medien viel zu wenig kalkulierbar. Diese Voraussagen mussten also auf echter Kenntnis zukünftigen Geschehens beruhen.

Und diese Feststellung deckt sich auch eindeutig mit den Prophezeiungen, die auch bei früheren Nahtoderlebnissen gegeben wurden. Dabei handelt es sich um Voraussagen, die nicht *ins Ungefähre* hineingegeben wurden oder *vielleicht* eintreffen konnten, sondern die klar und deutlich gegeben wurden und dann auch ***ganz genauso*** in Erfüllung gingen.

Pädagogin aus Leidenschaft – Herzinfarkt

Elisabeth N. war ursprünglich eine ganz *„normale Lehrerin"* und eine wirklich herzensgute, aber auch konsequente und resolute Pädagogin. Das wollte sie in ihrer Grundschulklasse auch bleiben. Doch ein Beamter der Schulaufsicht, der ihre Unterrichtsleistungen sehr gut kannte, redete so lange auf sie ein, bis sie ein Aufbaustudium in *Sonderpädagogik* auf sich nahm und erneut studierte. Und das waren Fachrichtungen, die sonst niemand mit Freude auf sich nahm – Gebiete für Lern-, Erziehungs- und Sozialprobleme. Allein der häufige Wechsel der Fachbezeichnungen wies schon auf die schwierigen Studien- und pädagogischen Aufgabenfelder hin. Und die Bezeichnungen wechselten häufig. Denn solange die Studienrichtungen und die entsprechenden Schulen immer wieder neue *Fachnamen* erhielten, nahm man in der Öffentlichkeit keinen Anstoß an diesen Problemfeldern, oder vielmehr nahm man sie gar nicht erst zur Kenntnis.
Lehrerin Elisabeth N. merkte sehr bald, auf was sie sich da eingelassen hatte. Aber sie wollte keinen Rückzieher machen. Denn inzwischen taten ihr die Kinder und Jugendlichen leid, die dringend Hilfe brauchten und die sie inzwischen in den Schulpraktika kennen gelernt hatte. Also sagte sie auch weiterhin *„Ja"* zu einem Beruf, in den sie *„hineingeschubst"* worden war.
So ging es dann auch weiter. Sie war fleißig und tüchtig. Das brachte ihr im nächsten Staatsexamen sehr gute Benotungen ein. In der Problemschule setzte ihr Rektor sie dann in einer ausgesprochen schwierigen Problemklasse ein, weil sie, die *„Neue"*, mal zeigen sollte, was sie denn so alles *„draufhabe"*.

Aber Elisabeth N. schluckte das ebenfalls wieder und bewältigte im Laufe der Zeit auch die Probleme dieser Klasse. Sie brauchte dazu keinerlei psychologisches Handbuch, sondern hatte ganz einfach die *liebenswürdig-konsequent-resolute Wesensart*, mit der sie sich durchsetzte und die notwendigen Erziehungs- und Unterrichtsziele verwirklichte.

Erneut wurde die Schulaufsicht auf sie aufmerksam und wollte sie zumindest in die engere Wahl als Konrektorin ziehen. Doch da meldeten sich Funktionäre eines starken Lehrerverbandes, die einen Lehrer – als verdienten Kollegen – in diese Position bringen wollten.

Und wieder einmal sagte Lehrerin Elisabeth N. – inzwischen als verdiente Sonderpädagogin – *„Ja"* zum Verzicht. In der Zeitung wurde sie lobend erwähnt, aber bei der Berufung zur Konrektorin übergangen.

Durch diesen Zeitungsbericht wurde jedoch ein Pädagogikprofessor der Universität in der betreffenden Großstadt auf sie aufmerksam. Er suchte für die Studiengänge von Lehramtsstudenten seiner Fakultät eine fachlich qualifizierte und hochgradig geeignete Persönlichkeit zur Übernahme eines Lehrauftrages, um Lehramtsstudenten auch in die Problematik sonderpädagogischer Fachgebiete einzuführen, die sonst an dieser Universität nicht vorgesehen waren.

Nach einer Probeveranstaltung wurde sie vom Fakultätsrat mit Begeisterung engagiert. Bei der Studentenschaft begeisterte man sich ebenso für sie. Sie hatte in ihren Seminaren stets *ein volles Haus*. War sie zunächst für die Fachgebiete *Lern- und Erziehungsprobleme* angetreten, so baten die Studierenden sie bald auch um die Übernahme anderer sonderpädagogischer Fachrichtungen. Auch hierzu sagte die Pädagogin Elisabeth N. schließlich *„Ja"* und musste sich natürlich zunächst auch selbst in diese Lehrgebiete einarbeiten. Aber sie tat es.

Sie ging total in ihrer Doppelfunktion als Sonderpädagogin in der Förderschule und an der Universität als Lehrbeauftragte auf. Für eine Familie hatte sie natürlich keine Zeit und auch keinen *Freiraum*.
Bald darauf sprach man sie erneut an: Die Fakultät sähe es gern, wenn sie ihren Lehrauftrag – wegen der vielen Studenten – *etwas erweitern könnte*. Allerdings hätte man – zumindest im Moment – kein Geld. Und dabei blieb es auch – für die nächsten Jahre.
Man erinnerte sich an der Universität erst wieder an sie, als man sie fragte, ob sie auch *völlig ehrenamtlich*, also ohne die geringste Vergütung, tätig sein wolle. Auch diesmal brachte Frau N. es nicht übers Herz, *Nein* zu sagen. Sie sagte wieder einmal *Ja* und widmete sich auch weiterhin *ihren Studierenden*.
Elisabeth N., die Pädagogin aus Leidenschaft, schuftete schließlich nicht nur bei ihren wahrhaftig nicht pflegeleichten Schülerinnen und Schülern, sondern erwies sich auch bald als eine der Hauptstützen der Lehramtsausbildung, vor allem wenn es um lebenswirkliche Lehr- und Unterrichts*praxis* ging. Und bald war es tatsächlich so, dass die Arbeit als Lehrbeauftragte sie mehr beanspruchte als ihre eigentliche Tätigkeit an der Förderschule. Das Ehrenamt strapazierte sie inzwischen weitaus mehr als das Hauptamt.
Dass sich Frau Elisabeth N. bei diesen enormen Belastungen aber auch selbst total aufrieb, nahm man weder in ihrer Schule noch in der Universität wahr. Sie hatte sich immer neue Aufgaben aufbürden lassen, ohne zu merken, wie eng der Lebensrahmen für sie selbst wurde. Das war der Tribut ihrer vielen Belastungen und ihrer ständigen Bereitschaft, zu jeder Forderung nur zu nicken und immer „*Ja*" zu sagen.
Solange sie in beständigem Stress stand, spürte sie kaum

irgendwelche Beschwerden. Als aber die Ruhephase der Osterferien sich näherte, spürte sie eine seltsame Enge auf der Brust und Beschwerden beim Atmen. Am ersten Ferientag suchte sie daher einen Internisten auf. Und während sie im Wartezimmer auf die Untersuchung wartete, wurde es ihr auf einmal schwarz vor Augen und sie sackte zu Boden. Der Facharzt leistete selbst die notärztliche Erstversorgung und ließ Elisabeth N. dann durch den Rettungsdienst in die spezielle Fachklinik bringen.
Dort setzte man unverzüglich die eingeleiteten medizinischen Rettungsmaßnahmen fort und stellte zudem einen schweren Herzinfarkt fest. Später erfuhr sie, dass sie unglaubliches Glück gehabt hatte. Der Infarkt ausgerechnet beim Facharzt und die unmittelbar folgende Fortsetzung der Rettungsmaßnahmen in der Fachklinik hatten ihr das Leben gerettet.
Längere Zeit nach ihrer Genesung berichtete Frau N. über den Ablauf ihrer Bewusstlosigkeit und ihres Nahtoderlebnisses Folgendes:

Wegen meiner Beklemmungen im gesamten Brustraum und zeitweise sehr heftiger Atembeschwerden wollte ich schon in der Woche vor den dringend herbeigesehnten Osterferien einen Internisten aufsuchen. Aber zuerst wollte ich noch meinen Unterricht in der Schule ordentlich wahrnehmen und erst recht meinen Lehrverpflichtungen an der Universität nachkommen. Also ging ich gleich am ersten Ferientag zu diesem Facharzt für Innere Medizin und wollte mich bei ihm gründlich untersuchen lassen. Doch dazu sollte es nicht mehr kommen.
Denn während ich im Wartezimmer wartete und wieder die Beklemmungen verspürte, wurde es mir auf einmal schwarz

Pädagogin aus Leidenschaft – Herzinfarkt

vor Augen, und ich muss wohl vom Stuhl auf den Boden gerutscht sein. An den genauen Ablauf während dieser ersten Phase meiner Bewusstlosigkeit kann ich mich nicht mehr genau erinnern. Ich versuche vielmehr, sie aus den Mitteilungen der betreffenden Ärzte und dem Pflegepersonal zu rekonstruieren. Danach wurde ich nach der notärztlichen Erstversorgung schleunigst in die Fachklinik gebracht, wo die Rettungsmaßnahmen gezielt und erfolgreich fortgesetzt wurden. Die ebenfalls gestellte Diagnose sah aber offenbar gar nicht gut aus. Denn ich hatte einen schweren Herzinfarkt erlitten. Und nur die verhältnismäßig positiven Begleitumstände – Zusammenbruch beim Internisten mit umgehenden Rettungsmaßnahmen – hatten mich überhaupt am Leben erhalten.

Irgendwann während meiner Bewusstlosigkeit – natürlich ohne genaue zeitliche Bestimmbarkeit – nahm ich eine Art bewusste Dunkelheit wahr. Es war dunkel um mich. Außerdem vernahm ich auch nicht den geringsten Laut. Es war anders als dieses sogenannte „Schwarz vor Augen", wohinein ich – auch nach Rekonstruktion durch die Aussage des Facharztes – gleichsam in seinem Wartezimmer „geraten" war.

Diese Finsternis samt lautloser Stille dürfte nicht lange gedauert haben. Da lichtete sich die Dunkelheit, und ich sah jemand wie von ganz weit her auf mich zukommen. Ich wusste aber noch nicht genau, wer es sein könnte.

Auf einmal erkannte ich, dass es mein vor Jahren schon verstorbener Vater war. Ja, er näherte sich in seiner leicht gebückten Haltung – so wie ich ihn in seinem letzten Lebensjahr gesehen hatte.

Mein Vater war ein unglaublich fleißiger und tüchtiger Maurer gewesen. Tagsüber war er bis zum meist sehr späten Fei-

erabend auf dem Bau tätig gewesen. Und wenn es seine Freizeit irgendwie zuließ, arbeitete er bei Verwandten und Freunden. Er zog so manches Haus in kürzester Zeit hoch, wozu andere zuweilen recht lange brauchten.
Meine ebenso quirlig-tüchtige Mutter passte ideal zu meinem Vater. Ich selbst war ihr einziges Kind. Meine Mutter war Hauswirtschafterin gewesen, hatte dann aber diesen Beruf für mich aufgegeben. Als ich dann in die weiterführende Schule ging und ganztags betreut werden konnte, versuchte sie, in ihrem Beruf wieder Fuß zu fassen. Das misslang aber. Daher nahm sie in einer Reinigungskolonne die Tätigkeit einer Reinigungskraft an. Als mein Vater wegen seiner unglaublich harten Arbeit auf den Baustellen vorzeitig verrentet werden musste, sorgte meine Mutter mit ihrer strapaziösen Arbeit dafür, dass es uns trotz des väterlichen Vorruhestandes gut ging und ich problemlos studieren konnte. Mein einstmals unermüdlicher Vater war mit seinem Vorruhestand nicht besonders glücklich und erlag kaum ein Jahr später einem Herzinfarkt – oft auch Frührentnertod genannt.
Auf meine Eltern war ich unglaublich stolz und werde es auch immer sein.
Und nun kam dieser wundervolle Mensch – mein geliebter Vater – auf mich zu. Und je näher er kam, umso heller wurde das ihn begleitende Licht. Ich konnte es kaum abwarten, bis er in Rufweite war. Da rief ich ihm auch schon zu:
„Papa, Papa, bist du es?"
„Ja, Lisa, ich bin es."
„Aber du bist doch gestorben."
„Mein Körper ist gestorben, mein Geist aber nicht."
Dabei schaute er mich sehr besorgt an und sagte weiter:
„Lisa, du musst besser auf dich aufpassen. Sonst ruinierst du

deine Gesundheit. Denk auch an Mama. Sie braucht dich."
"Du hast Recht, Papa. Aber in der Schule brauchen sie mich. Die Studenten brauchen mich auch."
"Gut. Aber bei den Studenten solltest du etwas kürzertreten."
"Und wenn sie mich raussetzen?"
"Nein, dafür bist du zu gut. Sie wollen dich behalten."
"Aber woher willst du das denn wissen?"
"Weil ich in die Zukunft schauen kann und an keine Zeit gebunden bin."
"Und wie soll ich Mama helfen?"
"Sie kann zu dir ziehen."
"Sie wohnt aber zu weit weg."
"Das lässt sich regeln."
"Gut, Papa. Das mache ich, wenn ich so weit bin."
"Das wird schneller geschehen, als es sonst üblich ist. Und ich begleite euch."
Damit verlor ich meinen Vater aus dem Blick. Zugleich wurde es auch wieder dunkel. Im Anschluss daran habe ich dann wohl wieder jegliche Besinnung verloren.

Tatsächlich machte Elisabeth N.s Heilung raschere Fortschritte, als in solchen Krankheitsfällen allgemein festgestellt werden konnte. Auch die Rehamaßnahmen schlugen sehr schnell an.
Der betreffende Institutsdirektor in der Fakultät kam sehr bald auf sie zu und bat sie, in der Lehrerausbildung tätig zu bleiben. Der Arbeitsumfang wurde halbiert.
Auch sonst erfüllte sich alles genauso, wie es ihr Vater vorausgesagt hatte.
So erfreute es auch ihre Mutter unvorstellbar, dass sie bei ihrer Tochter wohnen und ihr den Haushalt führen konnte.

Auch bei diesem Erlebnisbericht könnte man wieder vermuten, es könne sich bei dieser Vision um einen **Traum**, eine **Halluzination** oder das **Trugbild** einer Geistesstörung etwa handeln.
Diesen gedanklichen **Vorstellungen** widersprechen aber eindeutig die Hinweise **auf zukünftige Geschehnisse**, die auch nachweislich restlos alle in Erfüllung gingen.
Damit ergibt sich auch diese Vision aus einem eindeutigen Nahtoderlebnis mit allen daraus abzuleitenden Aussagen:
Auch hier weist die Begegnung mit einem längst schon Verstorbenen auf Grund der exakten Aussagen und Begleitumstände auf einen Angehörigen hin, der **nach seinem irdischen Tod** in einer anderen Welt weiterlebt, die man offenbar nicht mit dem Diesseits und seiner *Abhängigkeit von Raum und Zeit* vergleichen kann. Diese andere Welt heißt somit – im Gegensatz zum *Diesseits* – **Jenseits** und stellt eine völlig andere Existenz dar, schon allein, weil sie weder *an irgendeinen Raum* noch *an räumliche Vorstellungen* gebunden ist. Ebenso gibt es im Jenseits offensichtlich auch weder *zeitliche Bindungen* noch irgendein *zeitbezogenes Gefüge*.
Das jedenfalls geht aus den Darstellungen von Nahtoderlebnissen hervor, ebenso auch aus diesem, indem Elisabeth N.s Vater sagt, dass er an keine Zeit gebunden ist. Wenn er davon spricht, dass er *in die Zukunft* schauen kann, ist das natürlich aus rein irdischer Sicht zu verstehen. Denn er bezieht sich mit seiner Aussage ja auf die Zukunft seiner Tochter im Diesseits.
Damit erklären sich auch seine unmissverständlichen **Voraussagen** auf den weiteren Werdegang der Nahtodpatientin, die übrigens alle in Erfüllung gingen.
Wie auch schon bei früheren Erlebnisberichten, so wird auch

Pädagogin aus Leidenschaft – Herzinfarkt

hier die Verbindung von *Jenseits und Diesseits* angesprochen:

Zunächst einmal ist Frau N.s Vater genau darüber informiert, welche Tätigkeiten seine Tochter ausgeübt und wieso sie ihre Gesundheit in akute Gefahr gebracht hat. Man gewinnt geradezu den Eindruck, dass sie von ihrem Vater aus dem Jenseits gleichsam mit Sorge begleitet wurde. Entsprechend äußerte er sich auch zu Beginn des Gesprächs während des Nahtoderlebnisses seiner Tochter gegenüber.

Ebenso wies er auch zum Schluss dieses Dialogs darauf hin, dass er sowohl seine Tochter als auch seine Frau im Diesseits *vom Jenseits her begleiten werde.*

Somit geht auch aus diesem Nahtoderlebnis hervor, dass

- **das Leben nach dem irdischen Tod weitergeht,**
- **es ein Jenseits gibt,**
- **eine Beziehung *Jenseits – Diesseits* besteht und**
- **geistige Menschen/Wesen in die Zukunft sehen.**

Welche Folgerungen ergeben sich aus den Nahtoderlebnissen?

Die unterschiedlichsten Personen schilderten ihre individuellen Erlebnisse aus höchst lebensgefährlichen Situationen, in denen ihr irdisches Weiterleben geradezu *auf Messers Schneide* stand. Aus ihren Berichten geht eindeutig hervor, dass sie sich in unmittelbarer Todesnähe befanden und dabei Erlebnisse wahrnahmen, die weder mit rein irdischem Denken erklärt noch mit herkömmlichen Vorstellungen beurteilt werden können. Die Nahtodpatienten sind sowohl Frauen als auch Männer, aber auch Kinder. Sie stammen aus den unterschiedlichsten Alters-, Bevölkerungs-, Gesellschafts- und Berufsgruppierungen. Ebenso haben sie gesellschaftlich, beruflich, menschlich und weltanschaulich höchst verschiedenartige Vorstellungen und Einschätzungen. Zugleich weichen sie in ihren Einstellungen zum Leben total voneinander ab.

Man könnte also annehmen, dass sie bei ihren Nahtoderlebnissen ebenso unterschiedliche Eindrücke haben könnten und in ihren Berichten von diesen Erlebnissen auch ähnlich stark voneinander abweichen würden.

Aber hier ist höchst bemerkenswert, dass – unabhängig von den Vorkommnissen, die sie an den Rand des Todes brachten – ihre Berichte über die Wahrnehmungen an *der Grenze zum Jenseits* mit folgenden Schwerpunktfeststellungen ausnahmslos in eine ganz bestimmte Richtung gehen:

Der irdische Tod ist nicht das Ende eines Menschen!
Es gibt als weiterführende Welt *das Jenseits*!
Das Jenseits ist unabhängig von *Raum* und *Zeit*!

Es gibt unterschiedliche Daseinsarten im Jenseits!
Zwischen *Jenseits* und *Diesseits* gibt es Verbindungen und Beziehungen!
Geistige Menschen und Wesen im Jenseits kennen irdische Lebensvollzüge und schauen in die Zukunft!
Sie begleiten uns auch durch die Steuerung äußerer Umstände und die innere Stimme!
Sie wollen zu unserem Besten auf uns einwirken und Schlechtes von uns fernhalten!
Von ihnen kommt also nichts Schlimmes!

Aber – wir müssen auch darauf achten!

Der irdische Tod – ist er das Ende eines Menschen?

Der (irdische) Tod ist allgemein und erst recht für die Familie und das Lebensumfeld eines Menschen das einschneidendste Ereignis: Ein geliebter und verehrter, vielleicht auch gesellschaftlich besonders oder auch weniger bekannter Mensch stirbt. Oder – neutral ausgedrückt – irgendein Mensch ist auf einmal nicht mehr da. Was auch immer von ihm gehalten wurde, – man kann nicht mehr mit ihm sprechen, keinen Liebesbeweis oder Rat und keine Hilfe mehr erhalten. Man kann sich auch nicht mehr mit ihm auseinandersetzen oder egal welche Reaktion auch immer von diesem Menschen erhalten. Er lebt nicht mehr. Er ist – wie auch immer – weg.
So jedenfalls ist die allgemeine Sehweise: Der betreffende Mensch lebt nicht mehr. Also wird er bestattet. Gelegentlich denkt man noch an ihn. – Und das war's!
Zudem richtet sich der Blick im beruflichen und gesellschaftlichen Leben auf die vielen mit diesem Leben verbundenen Ereignisse und Verpflichtungen. Dadurch erklärt sich dann auch, wieso im allgemeinen Lebensvollzug kaum jemand daran denkt, dass der Verstorbene **nur rein irdisch** nicht mehr da ist. Wenn zuweilen in manchen Totengedenken der Gedanke auftaucht und vorgebracht wird, man könne einen Verstorbenen irgendwann ja vielleicht wiedersehen, dann geschieht dies häufig entweder als eine Art *Pflichtübung* gegenüber Angehörigen, als Äußerung, die sich zu sentimental-rührseligen Anlässen *„gut macht"* oder die zuweilen auch als ausgesprochen gedankenlose Bemerkung geäußert wird. Leider machen sich viele Menschen, die von einem Wieder-

sehen mit Verstorbenen sprechen, kaum ernsthaft darüber Gedanken, ob ein solches Wiedersehen denn auch tatsächlich stattfinden wird. Es wäre dann weitaus redlicher, auf solche Äußerungen zu verzichten, wenn man davon nicht überzeugt ist. Denn damit macht man nur anderen Menschen und auch sich selbst irgendetwas vor.

Aber wie ist es denn nun tatsächlich mit einem solchen Wiedersehen? Ist das möglich oder nicht?
Ein derartiges Wiedersehen hängt natürlich davon ab, ob ein Mensch nach seinem irdischen Ende weiterexistiert, und zwar zunächst ganz gleich, in welcher Art und Form. Dazu wurden – in diesem Buch – elf Nahtoderlebnisse untersucht und analysiert. Die aus diesen Berichten hervorgegangenen Aussagen haben zwar unterschiedliche Schwerpunkte, weisen aber eindeutig in eine ganz bestimmte Richtung:
Danach trennt sich beim – irdischen – Tod der geistige Mensch vom Körper, also vom leiblichen Menschen. Der geistige Mensch lebt weiter, während der rein körperliche Mensch verfällt.
Hierbei wird deshalb vom sogenannten *irdischen Tod* gesprochen, weil häufig **der Tod** als endgültiges und totales Ende eines Menschen gesehen und gewertet wird. Nach den vielen Berichten im Anschluss an Nahtoderlebnisse *ist der **Tod** jedoch nur ein **rein irdisches Ereignis und Phänomen**,* aber auf keinen Fall das absolute Ende eines Menschen.*)
In diesen Erlebnissen erklären verstorbene Angehörige, dass das Leben nach dem Tod nicht aufhört, sondern weitergeht, und beweisen das auch durch ihre eigene Existenz und ihre Begegnung mit den in unmittelbarer Todesnähe befindlichen Schwerstkranken. Die Echtheit ihres Weiterlebens und ihres überirdischen Wissens zeigen sie auch durch ihre Äußerun-

gen zu künftigen Vorkommnissen, die restlos über *rein irdische Kenntnisse* hinausgehen und sich dann auch tatsächlich bewahrheiten.

Darüber hinaus beschreiben die Gesprächspartner an der Grenze zum Jenseits auch, dass der Körper für den Geist gleichsam *die Bedeutung einer „irdischen Erfüllungsaufgabe"* hatte, die mit dem irdischen Tod beendet ist. Der Geist besteht in seinen Wesensfunktionen
Denken – Empfinden – Wollen
jedoch weiter und nimmt sie uneingeschränkt nach dem irdischen Tod mit in die weiterführende bzw. jenseitige Welt.

Dies ergibt sich aus allen Nahtoderlebnissen auf Grund eindeutiger Aussagen in *erklärenden Dialogen* – jedoch mit einer Ausnahme:

Bei diesem Nahtoderlebnis ergibt sich ein ganz besonderes Phänomen, das aber im Endergebnis in die gleiche Richtung zeigt, obwohl durch *keinerlei Dialog* eine Mitteilung gegeben wird. Dennoch ist unschwer zu erkennen, welche Folgerung aus diesem Nahtoderlebnis zu ziehen ist:

Noch bevor – in unmittelbarem Anschluss an einen Verkehrsunfall – ärztlich festgestellt werden konnte, wer von beiden Verkehrsteilnehmern nicht mehr überleben und wer überleben würde, ergab sich schon im Nahtoderlebnis eine Doppelerkenntnis:

Beide trafen sich an der Grenze zum Jenseits. Einer von beiden befand sich jedoch auf dem Weg in eine außerirdische – offenbar jenseitige – Welt, die ihm auch gewährt wurde. Dem anderen aber wurde dieser Zugang verwehrt. Wie sich später – im rein irdischen Leben – tatsächlich herausstellte, entsprach die Konsequenz aus diesem Erlebnis gleichsam als Jenseitsereignis der irdischen Wirklichkeit.

Der irdische Tod ... 143

*Außerdem hätte es diese Trennung – je nach dem irdischen Tod oder dem Überleben – und dem Übergang des einen (also tödlich) Verunglückten in eine andere Welt und der Sperre dorthin für den anderen, also den Überlebenden, mit absoluter Sicherheit **nicht** gegeben, wenn dies nicht den – über alles Irdische hinausgehenden – Realitäten entsprechen würde.*
Der Verunglückte war bei dem Verkehrsunfall übrigens erst zwölf Jahre alt und bewies bei seinem Bericht auch als Erwachsener absolute Glaubwürdigkeit!

Diese Nahtodvision hat in ihrem Erlebnisinhalt zwar einen völlig anderen Verlauf, weist aber in die gleiche oder eine ähnliche Aussagerichtung wie alle anderen Nahtoderlebnisse hin. Und die aus sämtlichen Erlebnisberichten übereinstimmend abgeleiteten Aussagen führen zu folgenden Ergebnissen:
Der körperliche Tod ist keineswegs das absolute Ende eines Menschen! Nur der Körper stirbt und verfällt, der Geist stirbt jedoch nicht!
Als Teil eines Menschen besteht sein Geist – in unmittelbarer Verbindung mit seiner Seele – vielmehr weiter!
Dieser Mensch besteht in geistig-menschlicher Wesensart weiter! Er ist damit ein *rein geistiger Mensch*!

Die aus den Mitteilungen der *jenseitigen Dialogpartner* übereinstimmend hervorgehenden Gesamterkenntnisse als *Beweise aus dem Jenseits* führen also zu dem Schluss: *Wir leben weiter!*

Das Leben im Jenseits – in der weiterführenden Welt

Lebt ein geistiger Mensch nach seiner Trennung vom Körper aber weiter, so stellt sich auch die Frage, auf welche Art und Weise er fortbesteht. Nach den Mitteilungen der Gesprächspartner an der Grenze zum Jenseits geht übereinstimmend hervor, dass *die geistigen Menschen und Wesen* ohne jegliche *körperliche Dimension* fortbestehen, also weiterleben. Damit benötigen sie keinerlei **Räumlichkeit** oder **räumliche Ausdehnung**. Entwickelt man diese Aussage konsequent weiter, so ist das **Jenseits** völlig frei von jeder Art von Raum, weil dort niemand einen Raum braucht.

Wenn sich die Gesprächspartner in *körperlicher Darstellung* zeigten, so geschah dies, um sich ihren irdischen Dialogpartnern zu erkennen zu geben. An mehreren Stellen schildern die den Nahtod Erlebenden, dass diese geistigen Menschen oder Geistwesen aus dem Jenseits einen von Licht durchfluteten Körper hatten, um offenbar von den Nahtodpatienten erkannt zu werden. Es war ein völlig durchgeistigter Körper, wie es ihn im irdischen Leben nicht gibt.

Weiterhin ging aus den Mitteilungen an der Jenseitsgrenze auch hervor, dass die im Jenseits Lebenden völlig frei sind von *jeglicher zeitlichen Begrenzung* und damit auch völlig unabhängig von jeder irdischen Zeiteinteilung wie

Vergangenheit – Gegenwart – Zukunft.

In dieser Unabhängigkeit sind sie auch in der Lage, das gesamte irdische Leben – also der Menschen im Diesseits – ohne Bindung an einen Zeitabschnitt zu erfassen. Damit können sie sogar Ereignisse sowohl in *naher* als auch *ferner Zu-*

kunft klar und deutlich erkennen und entsprechenden Menschen mitteilen.
Jenseitige Geistmenschen oder Geistwesen sind somit völlig frei und unabhängig von **Raum und Zeit.**

Aber wichtiger als diese – vor allem aus irdischer Sicht bedeutenden – Erkenntnisse sind die Hinweise auf das gesamte Leben im Jenseits. Es unterscheidet sich den Aussagen jenseitiger Gesprächspartner nach in die Zugehörigkeit zur
Glücksgemeinschaft
und in die
Trennung vom höchsten Wesen und der Glücksgemeinschaft.
Diese beiden Daseinsarten im Jenseits bedürfen einer besonderen Erörterung in den beiden folgenden Darstellungsabschnitten.

Das Leben in der Glücksgemeinschaft

Der gesamte Existenzkern und Lebensinhalt der **Glücksgemeinschaft** ist **das höchste Wesen**. Irdische Bezeichnungen hierzu sind Wortdarstellungen wie etwa *Gott, Herrgott, Gottheit, Allerhöchster, Weltengeist* und ähnliche erklärenden Wortinhalte.

Ohne dieses **höchste Wesen** besteht nichts und existiert auch nichts. Es unterscheidet sich nach den Mitteilungen während der Nahtoderlebnisse eindeutig von den Vorstellungen, die man im irdischen Leben ganz allgemein von Herrschern oder bestimmenden Mächtigen hat, die den Willen der zu ihnen gehörenden Menschen – je nach Staatsform – entweder *total unterdrücken* oder *häufig übergehen*.

Das **höchste Wesen** ist mit solchen Herrschenden oder Regierenden *nicht zu vergleichen*. Denn es hat *jedem Menschen (und jedem Geist) einen freien Willen* gegeben. Und diesen freien Willen berücksichtigt es auch. Hätte es das Wirken dieses *freien Willens* eines jeden Menschen nicht gewünscht oder gar befürchtet, so hätte dieses höchste Wesen auch keinen Menschen mit einem freien Willen ausgestattet. Denn es konnte ja *vorausschauen*, welche Bedeutung die Wirkweise dieses freien Willens haben würde. Diese *Vorausschau* war ihm ja erst recht möglich. Wenn schon jeder geistige Mensch oder jedes Geistwesen dazu in der Lage ist, selbst in die fernste Zukunft zu schauen, dann gilt das natürlich erst recht für das höchste Wesen überhaupt. Es legt auch niemand fest, sich für oder gegen dieses **höchste Wesen** zu entscheiden. Aber es ermöglicht jedem Menschen

Das Leben in der Glücksgemeinschaft 147

genug Hilfen bei der Entscheidung – wie etwa durch seine Hinweise, die in *die richtige Richtung* zeigen.

Diese **richtige Richtung** wurde auch in mehreren Nahtoderlebnissen angesprochen. Es ist die **Zuneigung** – oder **Liebe** – zum höchsten Wesen. Wer die größtmögliche *Zuneigung* zum höchsten Wesen hat, tut schon allein deshalb alles, was dieser Zuneigung entspricht.

Damit erübrigt sich dann auch jeglicher Zwang, wie er bei irdischen Machthabern häufig praktiziert wird. Die durch sie verordneten Ge- und Verbote dienen einerseits dem Selbstschutz der mit der Staats- und Gesellschaftsführung befassten Personen, aber auch dem geordneten Zusammenleben aller Menschen in einem solchen Staats- bzw. Gesellschaftssystem.

Beim **höchsten Wesen** ergibt sich dagegen eine völlig andere Leitlinie für die Existenzgemeinschaft im *Jenseits*, die aber schon ihren Wirkungsursprung im *Diesseits* haben soll:

Das ist die ***gegenseitige mitmenschliche Rücksicht und Einstellung – im Sinne von humanitärer Güte*** – zueinander. Würden sie überall konsequent verwirklicht, so wären Bestrafungsgesetze und deren Umsetzung überflüssig. Dass die Realität im Diesseits sich an einem solchen Ideal leider nicht orientiert, ist bekannt und hat im Jenseits entsprechende *Auswirkungen*.

Für die ***jenseitige Glücksgemeinschaft*** sind diese Grundsätze **der größtmöglichen Zuneigung zum höchsten Wesen** und **der uneingeschränkten Zuneigung und Annahmebereitschaft gegenüber geistigen Menschen** bzw. **Geistwesen** *unbedingte Voraussetzungen* für die Zugehörigkeit **zur Glücksgemeinschaft**. Ohne eine solche Einstellung ist diese Zugehörigkeit nicht möglich. Das geht übereinstimmend aus einer ganzen Reihe von Mitteilungen aus Nahtoderlebnissen hervor. Ebenso lässt sich daraus ableiten,

dass der *geistige Mensch* in seinen geistig-seelischen Wesensfunktionen **Denken – Empfinden – Wollen** die im *diesseitigen Leben* praktizierten und eingeprägten Lebenshaltungen *ins Jenseits* mitnimmt. Daraus folgt die Erkenntnis:
Wer die Voraussetzungen für die *jenseitige Glücksgemeinschaft* nicht erwarb und sich um sie auch nicht bemühte, hat für das Jenseits und speziell für die Glücksgemeinschaft nicht die richtige Einstellung.
Und dabei ist es eigentlich ziemlich einfach, sich um **die größtmögliche Zuneigung** – bzw. **Liebe – zum höchsten Wesen** und um **die uneingeschränkte humanitäre Einstellung zu den Mitmenschen und deren Verwirklichung** zumindest bestmöglich zu bemühen.
Aus einigen Berichten von den Nahtoderlebnissen geht hervor, dass einige der geistigen Menschen aus dem Jenseits ***bestimmte Bewährungsaufgaben*** wahrnehmen sollen und auch übernommen haben:
Sie begleiten Menschen im Diesseits und helfen ihnen durch *lebenspraktische Hinweise*, ihr Leben gleichsam nach *jenseitigen Leitlinien* zu gestalten, – allerdings nur, wenn sie es so wollen und damit einverstanden sind.
(Schlussfolgerungen hierzu befinden sich in dem Darstellungsabschnitt **Verbindungen zwischen *Jenseits* und *Diesseits*.**)
Den Äußerungen mancher jenseitiger Gesprächsteilnehmer nach können sich geistige Menschen noch durch ihre ***Bewährungsaufgaben*** auf die volle Aufnahme in **die Glücksgemeinschaft** gleichsam *vorbereiten* und für sie *vervollkommnen*. Aber auch bei dieser *Bewährung* ist wieder die *mitmenschliche Hilfestellung* – zwischen geistigen Menschen aus dem *Jenseits* und hilfsbedürftigen Menschen im *Diesseits* – von entscheidender Bedeutung.

Auch diese Mitteilung weist wieder auf *verwirklichte Mitmenschlichkeit und humanitäre Hilfe* hin. Neben der größtmöglichen **Liebe zum höchsten Wesen** ist somit auch **praktizierte Mitmenschlichkeit und humanitäre Hilfe** Voraussetzung zur Aufnahme **in die Glücksgemeinschaft.**

Trennung vom höchsten Wesen – und der Glücksgemeinschaft

Aus der Beschreibung der *Voraussetzungen für die Glücksgemeinschaft* geht eindeutig hervor, welche entsprechende Lebensweise im *Diesseits* für das *Jenseits* erforderlich ist.
Ohne **größte Liebe zum höchsten Wesen** und **gelebte Mitmenschlichkeit – im Sinne humanitärer Güte –** ist nach den Aussagen geistiger Menschen oder Wesen aus dem Jenseits ein Übergang bzw. eine Aufnahme *in die Glücksgemeinschaft* nicht möglich. Das ergibt sich verschiedenen Aussagen nach *weniger durch den Ausschluss von „außen her"* als vielmehr durch den betreffenden Menschen selbst. Denn *er schließt sich durch seine innere Einstellung selbst von der Glücksgemeinschaft aus.*
Durch seine im Laufe eines Lebens gewachsene **totale Abwehrhaltung und Ablehnung** gegenüber *dem höchsten Wesen und den Menschen seiner Umgebung und auch ganz allgemein* hat ein solcher Mensch auch von sich aus keine *positive Einstellung* gegenüber dem Leben in der *Glücksgemeinschaft.*
Entweder er will von sich aus nicht in die Glücksgemeinschaft, weil ihm das dortige Leben nicht passt und zusagt.
Oder er würde es in der Glücksgemeinschaft wegen seiner Einstellung mit Widerwillen, Hass und Ablehnung auch *nicht aushalten.*
Denn die jeweilige – positive oder negative – Einstellung nimmt jeder Mensch in seinen *geistigen Wesensfunktionen*
Denken – Empfinden – Wollen
ins Jenseits mit und behält sie auch grundsätzlich.

Selbst wenn Menschen mit einer solchen *feindlichen Einstellung* dem **höchsten Wesen** und den **Mitmenschen** gegenüber beim Übergang ins Jenseits – *nur in rein gedanklicher Vorstellung* – tatsächlich in die *Glücksgemeinschaft* gelangen würden, bestünde die Gefahr, dass sie dort wegen ihrer *negativen inneren Einstellung* Unruhe, Unfrieden und Hass hervorrufen würden.
Davor würde das höchste Wesen die Glücksgemeinschaft aber in jedem Fall behüten und beschützen.
Von den auf **totale Ablehnung** *eingestellten Menschen* unterscheiden sich übrigens die geistigen Menschen, bei denen **Bewährungsaufgaben** erwähnt wurden. Sie haben in entscheidender Weise die *innere Haltung* und *Lebenseinstellung*, wie sie dem **Leben in der Glücksgemeinschaft** entspricht.
Die auf **völlige Ablehnung und Abwehrhaltung** Eingestellten haben diese innere Haltung und Lebenseinstellung jedoch nicht. Einer auch nur mutmaßlichen **Bewährung** würden sie aller Wahrscheinlichkeit nach nicht zustimmen und auch nicht entsprechen.

Welche Existenz haben geistige Menschen – oder vielleicht auch Geistwesen – außerhalb der *Glücksgemeinschaft?*
Auch sie leben weiter! Denn der Geist ist nicht an den *rein irdischen Leib* gebunden und kann somit auch nicht verfallen. Er existiert weiter. Da es im Jenseits *weder Raum noch Zeit* gibt, ist auch der Geist an diese Dimensionen nicht gebunden. Aber er besteht in jedem Fall weiter.

Ob und auf welche Weise sich eine Änderung beim Ausschluss aus der Glücksgemeinschaft überhaupt ergeben sollte oder für immer ausgeschlossen bleibt,

entzieht sich unserer Kenntnis. Hierüber würde in jedem Fall allein das höchste Wesen *entscheiden.*
Eine unabdingbare Voraussetzung hierfür wäre aber grundsätzlich die Änderung der inneren Haltung, Überzeugung und Einstellung eines solchen geistigen Menschen oder Geistwesens mit einer negativen Einstellung.

Das höchste Wesen *ist indessen mit reiner Liebe erfüllt und lässt deshalb in der Glücksgemeinschaft keinerlei Feindseligkeit und Hass zu und damit auch keine geistigen Menschen oder Geistwesen mit jeglicher Art von Hasseinstellung.*

Verbindungen zwischen
Jenseits und *Diesseits*

In der überwiegenden Zahl von Berichten über Nahtoderlebnisse weisen die jenseitigen Gesprächspartner auf diesseitige Geschehnisse hin, die ihnen von *Informationsquellen aus dem Diesseits* nicht zugänglich waren und die sie dennoch in allen Einzelheiten und ganz genau kannten. Noch weitaus verwunderlicher waren ihre exakten Kenntnisse über zukünftige Ereignisse.

Das Besondere daran war stets das *Interesse der geistigen Menschen oder Geistwesen aus dem Jenseits* am Lebenslauf irdischer Menschen und an deren unmittelbarem Wohlergehen.

Vom Jenseits her zeigen sie durch gezielte **Hinweise** darauf hin, wie sich ein Mensch im Diesseits verhalten soll, um für sich und seine Umgebung Schaden zu vermeiden und sich einer *jenseitigen Leitlinie* entsprechend zu verhalten. Dies geschieht einerseits durch

äußere Umstände

und

die innere Stimme

andererseits. Beide Phänomene aber richtig einzuschätzen, ist natürlich äußerst schwierig. Deshalb mögen hierzu einige begründete Überlegungen dienen:

Zunächst zu den **äußeren Umständen**: Sollte ein Vorhaben trotz guter Planung und intensivem Engagement überhaupt nicht gelingen, so sollte man genau überlegen, ob dieses Vorhaben tatsächlich sinnvoll und realisierbar ist.

Gleichzeitig sollte man auch besonders sorgfältig auf die

innere Stimme achten, die im Trubel des äußeren Zeitgeschehens unbeachtet bleibt. Hierauf wurde etwa auch schon im Nahtoderlebnis **Elfjährige mit Inlineskates,** aber auch in anderen Nahtoderlebnissen hingewiesen. Wenn Menschen im Diesseits vor lauter Angelegenheiten und Problemen keinen Augenblick der *inneren Ruhe* mehr haben, nehmen sie natürlich auch ihre (geistig-seelische) innere Stimme nicht mehr wahr. Und wahrscheinlich könnten die immer so beschworenen äußeren Probleme häufig bei Berücksichtigung der *inneren Stimme* viel einfacher und schneller gelöst werden.

Deshalb hilft wahrscheinlich folgende Überlegung:

Wird ein Warn- und Schutzhinweis aus dem Jenseits gegeben, so wird er von „dort her" auch besonders eindringlich erteilt. Allerdings muss der diesseitige Empfänger sich auch darauf konzentrieren und die betreffenden Mitteilungen beachten und annehmen.

Denn jenseitige Schutzhinweise werden ja auf Grund der jeweiligen Kenntnis zukünftiger Geschehnisse gegeben. Wer aus dem Jenseits also vor künftigen Gefahren warnt, schaut ja in die Zukunft und weiß genau, welche gefährlichen Ereignisse den Gewarnten bedrohen.

Geistige Menschen und Geistwesen im Jenseits blicken in die Zukunft und sind zu

Vorhersagen, Weissagungen und Prophezeiungen in der Lage.

Hinweise aus dem Jenseits werden – den Erklärungen in den Nahtoderlebnissen nach – nicht mit großem Aufsehen, sondern meist in aller Stille gegeben. Allerdings sollen sie trotzdem wirksam und erfolgreich sein. Das setzt aber voraus, dass der irdische *„Adressat"*, der Empfänger der jenseitigen Nachricht also, sie beachtet und darauf reagiert.

Eine derartige *Führung guter geistiger Wesen aus dem Jenseits* hat nicht die Absicht der Gefährdung und Schädigung der betreffenden Menschen im Diesseits.

Auch hier weisen die Mitteilungen und Ausführungen im Zusammenhang mit dem Nahtoderlebnis **Sinneswandel eines Kabarettisten** auf die *Wirksamkeit der Kommunikationsvorgänge aus dem Jenseits* hin.

__Als Richtschnur für echte Zukunftshinweise gilt prinzipiell, dass solche Vorhersagen dazu dienen sollen, diesseitige Menschen vor Gefahren zu warnen und zu schützen.__

Nach dem Tod im Diesseits – auf dem Weg ins Jenseits

Höchst ungern redet man vom Tod und Lebensende. Meistens werden Umschreibungen, Ersatzausdrücke und Auswegformulierungen gewählt. Sowohl die trauernden Angehörigen als auch die den Schmerz Mitfühlenden vermeiden direkte Äußerungen. Natürlich möchte niemand *„vor den Kopf stoßen oder vor den Kopf gestoßen werden"*.

Hinzu kommt die Ungewissheit, wie das Lebensende gesehen wird. Verstehen die Trauernden darunter *das totale Ende eines Menschen mit allen Konsequenzen?* Dann gilt erst recht jede direkte Formulierung mit *Tod, Lebensende und Sterben* als absolutes Tabu! Dann möchte erst recht niemand derart schmerzliche Begriffe und solche direkten Ausdrücke verwenden. Dann gilt, *lieber zu wenig als zu viel* äußern.

Oder wenn man sich doch zu irgendeiner Ausdrucksweise durchringen muss, weil es sonst zu gekünstelt und unecht klingt, dann werden oft Formulierungen gewählt, die häufig der inneren Einstellung und Formulierung widersprechen und in die Nähe von Heuchelei rücken. Man möchte sich nur ja nicht *gleichsam aufs Glatteis* begeben. Deshalb wird irgendetwas gesagt, was weder der Wirklichkeit entspricht noch den Kern dieser heikelsten aller irdischen Situationen trifft.

Und daher stellt sich ohne Umschweife die entscheidende Frage:

Warum scheut man – in Empfindung und Sprache – die Offenheit, wenn es um Tod und Lebensende eines Menschen geht?

Das hat meistens folgende Gründe:
Manche Menschen sind vom absoluten Ende eines Angehörigen überzeugt, möchten diesen Verlust aber entweder nicht wahrhaben oder nicht an ihn erinnert werden.
Andere wissen nicht so recht, ob sie an ein Weiterleben nach dem irdischen Tod glauben sollen oder nicht. Deshalb verhalten sie sich grundsätzlich eher passiv.
Schließlich ist der darüber hinausgehende Anteil der menschlichen Gesellschaft vom Weiterleben nach dem Tod überzeugt, verhält sich häufig aber zurückhaltend – oft aus falsch verstandenem Mut, seine Überzeugung zu äußern.
Dieser Unklarheit und Unsicherheit kann somit nur mit schlüssigen Beweisen begegnet werden, die die Zweifel am Weiterleben nach *dem irdischen Tod* ausräumen können und auch tatsächlich ausräumen.
Daher wurde in umfangreicher Weise nachgeforscht, welche Menschen in unmittelbarste Nähe des Todes gekommen waren und an der Grenze zu ihrem Lebensende erfahren hatten, ob danach entweder

vom Ende ihrer Gesamtexistenz
oder
vom Übergang in ein anderes Dasein
auszugehen ist.
Hierzu wurden Schwerstverletzte und auf das Lebensgefährlichste Erkrankte nach ihrer Rückkehr ins normale gesunde Leben um ihren Bericht von ihren Nahtoderlebnissen gebeten.
Die daraus hervorgegangenen Mitteilungen weisen für sich allein schon auf ein eindeutiges Weiterleben nach dem irdischen Tod hin. Ja mehr noch! In der mit Abstand überwiegenden Mehrzahl der Darstellungen der Nahtoderlebnisse berichten die Nahtodpatienten auch von Dialogen mit Ge-

sprächspartnern *aus einem anderen Dasein.* Wie aus diesen Zwiegesprächen übereinstimmend hervorgeht, *besteht das Leben nach dem irdischen Tod nicht nur weiter,* sondern es wird auch mitgeteilt, *wie* das Leben weitergeht: Das Leben nach dem irdischen Tod geht in einem anderen Dasein weiter – im *Jenseits.* Es ist unabhängig von *Raum* und *Zeit.* Deshalb sind die dortigen Lebewesen auch frei von einer räumlichen Bindung und der zeitlichen Begrenzung, vor allem auch bei der Kenntnis zukünftiger Ereignisse.
In diesem Jenseits gibt es unterschiedliche Existenzen und Daseinsarten:

Das Leben in der Glücksgemeinschaft mit dem höchsten Wesen *und der größten Zuneigung – Liebe – zu ihm und der liebevollen Verbundenheit mit allen geistigen Menschen und Geistwesen. Hass, Feindschaft und Unfrieden sind in der Glücksgemeinschaft völlig ausgeschlossen.*

Die Trennung vom höchsten Wesen *und von der Glücksgemeinschaft ist die Daseinsart für solche Geistwesen und geistigen Menschen, die auf Grund ihrer negativen Einstellung dem* höchsten Wesen *und der gesamten Glücksgemeinschaft gegenüber mit Hass, Widerwillen, Ablehnung und Feindseligkeit eingestellt sind und bei einer – auch nur angenommenen – Zugehörigkeit zur Glücksgemeinschaft nur Unfrieden und Zwietracht verursachen würden. – Hass und Feindschaft in der Glücksgemeinschaft würde das* höchste Wesen *jedoch nicht zulassen.*
Zwischen dem *Jenseits* und dem *Diesseits* gibt es Ver-

bindungen. Sie dienen dazu, Menschen im Diesseits zu helfen und sie vor Gefahren und Schaden zu bewahren. Geistige Menschen und Geistwesen aus dem Jenseits können in die Zukunft schauen und warnen diesseitige Menschen. Dies geschieht durch *Gestaltung besonderer Umstände* und durch *die innere Stimme*. Ob diese Warnungen richtig sind, erkennt man am *mutmaßlichen Ziel mit gutem oder schlechtem Ergebnis*.

Dazu ist es aber auch von größter Bedeutung, auf die *innere Stimme* zu achten.

Und was bedeutet das alles für uns?

Das irdische Leben dauert für uns somit nur eine verhältnismäßig kurze Zeit. Die Berichte von den Nahtoderlebnissen – und erst recht die Mitteilungen der Gesprächsteilnehmer aus dem Jenseits – sagen uns, dass unser Leben nach dem irdischen Tod nicht endet, sondern auf dem Weg ins Jenseits weitergeht. Ja, es wird sogar mitgeteilt, *wie* dieses Leben weitergehen kann – und weitergehen wird.
Mit dem irdischen Tod erfolgt zwar der Schnitt für unseren Körper, der dann stirbt und verfällt.
Für unseren Geist (mit der Seele) gibt es jedoch keinen Schnitt. Er besteht weiter. Und seine geistigen Wesensfunktionen **Denken – Empfinden – Wollen** bestehen auch weiter. Und die entscheidenden Merkmale aus dem irdischen Leben nehmen sie
auf dem Weg ins Jenseits mit.